ぶい＆ぶい新書 No. 0002

日本史のまめまめしい知識

第２巻

日本史史料研究会　編

岩田書院

序

本書は、二巻目の日本史学短編集である。

本会は、日本史学の研究会で、研究発表会の開催や、研究書の刊行などの活動を行い継続中である。また、本会は、自分たちの研究成果を一般にどう還元するか、という課題にも取り組んでいる。その活動の一環として、本会は一般向けの講座やシンポジウムの開催の他、一般書の刊行を行っている。

二〇一六年五月には、本書の一巻目にあたる『日本史のまめまめしい知識』を岩田書院から刊行した。その序文に「研究者が自由に書きたいことを書く、それは一般書として面白い内容になると私は考えている。ただし、一冊の本としてはテーマがバラバラである。この統一のなさをテーマにすることにした。研究者が何にこだわっているのか、それを披露するのが本書の目的である」と記した。本書第二巻も目的は同じである（書式がバラバラなのも第一巻同様である）。

さらに、第一巻目の序文に次のようにも記した。

これら日本史学のまめまめしい知識が、読者の方々の何に役立つのか、まったく想像がつかない。しかし、読み手の欲求は、間違いなく深化している。

ただ、いったい何人のニーズなのかよくわからないというのが本音である。したがって、研究者を常に支えてくれている出版社、岩田書院の岩田博さんに相談し、承諾を得た。感謝申し上げる次第である。

現実は思ったよりニーズがなかった。現実は結構厳しいというのが実感である。しかし、面白いという読者の方々も確実にいた。したがって、そうした読者の期待に応えるため第二巻を刊行することにした。今回も岩田書院の岩田博さんに相談し承諾を得た。大変ありがたいことである。

第二巻目も第一巻同様に約三十名の研究者に原稿を寄せていただいた。内容についても第一巻同様に各研究者に任せた。第一巻から連続して投稿していただいた研究者や、新たに賛同していただいた研究者もいて、内容は前回より時代の幅が広がった。しかも、各原稿いずれも力作である。しかし、研究者が気合を入れれば、入れるほど、内容が一般の読者にとってはマニアックになってしまうというのが現実のようである。ただ、本書は、第一巻目を手にとって読まれた方々にとって、ちょうどよいバージョンアップ状態に仕上がっている、と思いたい。各内容は、絶対に面白いはずである。

また、本書の最後に、本会が岩田書院だけではなく、洋泉社などで編集・監修して刊行した一般書の感想文を掲載した。これらは、本会のホームページで一般の読者に公募した原稿である。いずれも、本会の本を肯定的に読んでいただきありがたいことではあるが、できれば批判的な感想も今後投稿してもらいたい。私たちは、一生懸命に一般書を編集・監修しているつもりだが、所詮人間のやることなので、完全なものはあり得ない。今後のためにも一般の方々から適度な批判を賜りたい。

『日本史のまめまめしい知識』第一巻と本書第二巻の編集をとおして、本会と研究者の輪がかなり広がった。それと同時に読者との輪も広がればと切に願うところである。

歴史好きな読者をさらに「マニアックな世界に招待したい」という本会の勝手な目的で、第一巻と同様に本書を編集した。読者のみなさんの忌憚ないご批判とご教示を賜ることができれば幸いである。

二〇一七年五月

日本史史料研究会　代表　生駒哲郎

目　次

Ⅱ　こだわりの史実

目　次

Ⅲ　史料と向き合う

I　歴史の常識

1　その名は尊し
――将軍御印判《ごいんぱん》に刻まれた文字から考える――

西　光　三

一　はじめに――「愛嘉」と「慶応」――

徳川将軍の用いるハンコ（実印・本印）のことを「御印判《ごいんぱん》」という。この御印判を製作する御用を担っていた御用達《ごようたし》職人「御印判師」をつとめていた佐々木家の代々が残してきた文書をまとめた「佐々木家文書」の中に、「愛嘉」という見慣れない文字の印影が収められている。

片や幕末から明治にかけて活躍した篆刻家《てんこくか》であり、日本印章学の草分けとしても有名な中井敬所《けいしょ》という人物がいる。この敬所の印譜の中に、江戸時代最後の元号となる「慶応」という印影が収められている。

「愛嘉」と「慶応」。一見する限り全く異なる二つの印影には、実は共通点がある。同じ人物の印判を製作するために、その試作品に彫られた印判の文字なのだ。そしてその人物とは、第十五代将軍徳川慶喜。つまりこの二つの印影は、慶喜の御印判を製作する過程で生まれた試作品の印影なのである。

「慶喜」、「愛嘉」、「慶応」。こう並べてみると、何か気づくものはないだろうか。まず、慶喜の「慶」と慶応の「慶」は言うまでもなく同じ漢字である。それによく見てみると、愛嘉の「愛」も「慶」の下半分と似ているし、慶喜の「喜」と愛嘉の「嘉」の上半分は同じだ。要するに「愛嘉」も「慶応」も「慶喜」という文字に似ているのである。つまり御印判の試作品――これを「御試之御判《おこころみのごはん》」という――の印面に彫られていたのは、将軍の名前ではなく、それと似た文字、すなわち当時の言葉でいう「似寄文字《によりもじ》」だったのだ。

小稿の課題は、御印判の試作品である御試之御判の印面に彫られていた文字が、将軍の名前ではなく似寄文字であったことにどのような意味があったのか明らかにすることなのだが、その前に、日本史に通暁した諸兄であれば当然に抱くであろう疑問について、先に答えておこう。それは、なぜ御印判師ではない中井敬所の印譜に、御試之御判の印影が収められているのか、逆に言えば、「慶応」の印影がなぜ御試之御判の印影だといえるのかという疑問だ。

『江戸城多聞櫓《たもんやぐら》文書』に収められた一連の史料によれば、実は、慶喜の御印判を製作したのは、当代の当主であった九代目佐々木家当主の佐々木圓蔵《えんぞう》ではなかった。正確に言えば圓蔵は、先例通り御試之御判を製作し（だから「愛嘉」の印影が残っている）、「慶喜」の名が彫られた御本印まで製作したのだが、その出来があまりよくなかったため、慶喜の御印判としては採用されなかったのである。そこには眼疾を患ったため隠居した先代の跡を継いだばかりの、まだ年も若く技術的にも未熟な圓蔵が製作に当たらなければならなくなったという事情があるのだが、いずれにせよ新たな製作者を探さなければならなくなった幕府は、五名の市井の篆刻家に御試之御判を製作させて競わせることで、製作者を決めることにする。その際に印面に彫られたのが「慶応」の二文字だったのだ。これが明治に生きた中井敬所の印譜に残っているのである。なお、このコンペティション（腕くらべ）の結果えらばれたのは、中井敬所ではなく細川俊平という篆刻家であり、「其身一代《そのみいちだい》御篆刻師」として慶喜御印判の製作にあたっている。

この慶喜御印判の製作者をめぐる過程それ自体、非常に興味深いものがあるのだが、それについては以前まとめた拙稿「将軍徳川慶喜の御印判製作過程と御用達町人」を読んでいただくとして、ここからは本題である、御試之御判の印面に将軍の名前が彫られなかった理由について持論を開陳することにしたい。試作品の本来の目的は、実際の出来栄えを事前に確認することにある。だったら、わざわざ似寄文字など使わず「慶喜」と彫ったほうが手っ取り早いはずだ。でもそうしなかった。そこには何か理由があるはずである。

二　世界に一つだけのハンコ

佐々木家文書所収の「天保七丙申年　家慶公様　御本丸江御移替御用日記」には、十二代将軍徳川家慶の御印判製作過程が詳細に記録されている。これによれば、御印判を製作するにあたって最初につくられるのは、柘植の木で印判の形を試作した「御試御印《おこころみのごいん》」である。この段階ではまだ印面には何も文字は彫られていない。次につくられるのは「御試御印下地《おこころみのごいんしたじ》」で、これは「御試御印」の形状にあわせて全体のプロポーションを象牙で製作したものである。そしてこの「御試御印下地」に似寄文字が彫りこまれたものが「御試之御判」であり、右筆方《ゆうひつがた》を通して幕閣に引渡され、そこでの審議を経ていよいよ将軍御印判の製作がなされるのである。

ここからわかるのは、御印判の製作過程において印面に文字が彫られるのは二回だけであること、そして文字が彫られた時点で「御印」から「御判」になるということだ。つまり、文字が彫られるまでは「しるし」としての「印」であるが、そこに文字が彫られることで「判」となり、他との区別（判別）が可能になるのである。このことは、文字が彫られた印判は、その時点で印判の持ち主の意思を代理することが可能になるということを意味している。

こう考えていくと、御試之御判に将軍の名前ではなく、それと似た似寄文字が彫りこまれた理由が自ずから見えてくる。試作印段階である御試之御判の印面に「慶喜」と彫れば、それはすなわち御印判となり、将軍の意思であることを証明する機能を果たしうる器物となってしまう。だから、実際の印面の仕上がりを確認するために製作される御試之御判には、似寄文字を彫るしかなかったのだ。将軍のハンコは、この世に一つだけしか存在してはならないのである。

三　名前は軽々しく使わない

ここでもう一度、慶喜の似寄文字である「愛嘉」と「慶応」を見てみよう。これらは二つとも、人の名前に使うには不自然な二字である。名前であるとは思われないような二字が御試之御判に彫られたこと、そこにも重要な意味がある。先に述べたように、名前が彫られた印判は、持ち主の意思を代理する機能を果たすことが可能になる。だから、名前とは程遠い漢字の組み合わせになっているのだ。

それほどまでに名前というものは強い力を持っている。だから古来より名前は、他者が軽々しく呼びかけたり、書いたりしてはならないものとされてきた。この名前を敬避するという習俗が初めて成文化されたのは、天皇の名前を避ける国諱《こくき》について定めた大宝律令（七〇一年）であるという。そして武家社会の進展に伴って、将軍や大名の名前も敬避の対象に含まれるようになり、例えば徳川氏の通字である「家」の字は、江戸時代を通して大名、旗本以下すべての武士の名前に用いることが禁じられていた。あるいは仙台藩伊達家では、四代藩主綱村《つなむら》から五代藩主吉村の治世にかけて、伊達家の通字である「宗」や、歴代藩主および伊達家先祖の名前で使用されていた漢字を使用した名前をつけることを禁じる法令が整備され、代々に受け継がれている（後掲、堀田氏著書）。

このように、天皇や将軍、大名のような上に立つ者たちの名前は、犯すべからざるものであり、その使用は敬して避けられていた。将軍御印判の製作に際しても、この実名敬避の習俗は当然意識されていた。ましてや御印判の製作は、象牙製の印章に名前を刻み込む行為である。ただ名前を口に出したり、書いたりすることよりも、さらに重い行為だといえよう。そのような「不敬」な行為は、御本印の製作時に限ってのみ例外的に許容され得るのであり、試作印の段階で似寄文字である二字が彫られたのは、その意味で当然のことだったのである。

四　おわりにかえて―あたりまえの裏側にあるもの―

小稿では、徳川将軍御印判の製作という、これまであまり注目されてきたとはいえない事象を元に、ハンコや名前が当時どのようなものとして扱われていたのか描き出してみた。もっとも、ここで見てきたようなことは、何も江戸時代だけに当てはまる特殊な話ではない。現代でもハンコは、名前ではなく苗字が彫られるようになってはいるものの、押印した者の意思が示された書類であることを証明するために、日常のあらゆる局面で押されている。それゆえに同じ苗字が彫られたハンコであっても、その書体は、機械的に製作された認印はともかくとしても、一つ一つ異なる。また名前についても、相手のことを苗字ではなく名前で呼びかけることは、互いの親しい関係を示す行為として受け取られているが、これは相手が自分のことを名前で呼ぶことを、名前を呼ばれた本人が許していることを意味しているからだ。

このように、現在あたりまえのように行っている行為の裏側には、過去における人々の営みの歴史が積み重なっている。歴史を学ぶことのおもしろさは、実はこういうところにこそあるように思えてならない。

参考文献

西光三「佐々木家文書に見られる「愛嘉」印の比定とその意味―御印判製作史料に見られる史料用語の整理と位置づけとともに―」（『ぶい＆ぶい』第十五号、日本史史料研究会、二〇一〇年）
西光三「将軍徳川慶喜の御印判製作過程と御用達町人」（『日本歴史』七八四号、二〇一三年）
堀田幸義『近世武家の「個」と社会―身分格式と名前に見る社会像―』刀水書房、二〇〇七年）

2　慶長五年伏見城攻防戦と醍醐寺義演《ぎえん》

佐々木　倫朗

関ヶ原の戦いの前哨戦として、慶長五年（一六〇〇）七月から八月に起きた伏見城《ふしみじょう》をめぐる攻防戦は、関ヶ原の戦いを中心とする様々な戦いの中では最も著名であると思われる。実は少年期の筆者も、徳川家康と伏見城を守ることになった鳥居元忠《とりいもとただ》の別れの場面やその攻防戦の様子に小説・マンガ・映画等の様々なメディアで接し、感銘を受けた一人である。筆者が、歴史を好きになった一つの契機と言っても良いと思う。

しかし、歴史学を専攻し史料に接していく中で、家康や三成・元忠等の英雄や豪傑に類される人物を中心とする世界観と大きく異なる物の見方、事態の捉え方に直接的に触れることがしばしばある。今回は、そのような例を、伏見城に近在する醍醐寺《だいごじ》の三宝院義演《さんぼういんぎえん》が攻防戦の前後に記した日記から紹介してみたいと思う。

義演は、摂関家の二条晴良《にじょうはるよし》の子として生を受け、二十歳を前にして醍醐寺座主《ざす》となり、豊臣氏の保護を受けて、現在に残る醍醐寺を再興した人物である。従って、義演は、自身が歴史上の重要な人物である。そして、義演は、慶長元年から寛永三年（一六二六）にかけて長大な日記を残しており、その日記は、安土桃山時代から江戸時代への転換期の政治史・仏教史を知る上で欠かせない史料である。その日記から義演が書き残した攻防戦の様子を追っていきたい。

関ヶ原の戦いに向けての政治情勢は、七月十一日前後の石田三成らの挙兵によって急展開する。義演の日記には、七月十三日から「大坂雑説《ぞうせつ》」という文言が確認されるようになり、十六日には雑説が以《もっ》ての外《ほか》であること、そして、十八日には、伝聞情報として前日夕方に家康の大坂城における住居であった西丸に毛利氏が入ったことが記されている。西軍側の動きが世上の噂となって義演に伝えられたことがわかる。

義演は、実は西軍が大坂に入城する十七日には、寺内に対して十八日から防禦施設である「構」と「堀」を築造するよう指示を出している。義演が、世上の噂から、危急の時のために醍醐寺自体を守る準備の必要性を感じていたのである。以後、毎日のように義演は、防禦施設の建設・強化を指示している。

伏見城に籠もる鳥居元忠らは、抵抗することなく大坂城西丸を開城した佐野綱正《さのつなまさ》らとは違い、十九日には伏見城内にある増田長盛《ましたながもり》・長束正家《なづかまさいえ》らの宿所を焼き払い、徹底抗戦の姿勢を示した。

秀吉の醍醐の花見が行われたように、伏見城と醍醐寺の距離は近く、義演は、この事態を「仰天此事〳〵《ぎょうてんこのことこのこと》」と記している。また、醍醐寺には避難する場を求めて近辺の住民が集まってきていたようで、寺内の混乱した様子も義演は記している。その夕方には、少数ながらも攻撃側の軍勢が伏見に到着し、鉄炮の打ち合いや城下の屋敷への放火が行われている。そして、二十日には、鉄炮が天に響くと義演が表現する本格的な戦闘が開始された。

　七月二十一日の興味深い記述として、攻撃側の大将分に関することが記され、しきりに義演が大将分の到着を気にしていることがわかる。これは、後の記述から軍勢の濫妨狼藉を禁止する文書である禁制《きんぜい》を義演が得ようとしたためであると思われる。大将が到着していない二十二日には、とりあえず室町幕府より以前に得ていた守護不入の折紙を写して南北の「構」に打ち立てた。そして、ようやく二十五日に大将分にあたる小早川秀秋《こばやかわひであき》から得た禁制を「構」に打ち立てている。

　しかし、その禁制の存在にも関わらず、二十八日には濫妨人一四〇〜一五〇人が、金剛輪院まで押し入って来て、伏見城攻撃のためだと称して竹を伐らせることを求める事態が発生する。これに対して、醍醐寺側が拒否すると、濫妨人側との間で戦いとなり、寺側は寺侍を中心に門を閉ざして戦った。そして、早鐘を打って周辺の村々に緊急事態を知らせ、急を聞いた郷民達が武器を持って蜂起して濫妨人に迫った結果、濫妨人側が和解を求め、寺側はそれを認めて濫妨人を無事に帰している。

攻撃側の小早川秀秋の禁制を立てた後になっても、二十八日のような事態が起きたことを示すこの記述は、戦乱におけるリアルな現実を示すものと思われる。軍勢の濫妨狼藉を禁止する禁制は、文言上で濫妨を禁止しているのは軍勢の大将達であるが、軍勢に参加している足軽や雑兵達にとって、実際に楯や攻城具を作成するのに必要な竹木は戦場に欠かせない資材であり、言うまでもなく、食料調達は生き残るためにも必須のものであった。それを考えれば、現実の戦場周辺では、必需品確保のために禁制が無視される可能性が高いことは容易に想像することができる。しかし、視点を変えれば、現代のような化石燃料や電気を用いる状況に至っていない時代にあって、竹木は、建築材に用いる他に燃料としても生活に現実に用いる重要な資材であった。そのため、住民にとって、食料や竹木の確保は生活に直結することであり、それが奪われてしまうことは生死に関わる問題であったのである。

このように醍醐寺自体は何とか竹木伐採を拒絶したのであったが、近辺の村や山では伐られてしまったという義演の記述が、二十八日の前後に散見される。この事実は、峰岸純夫氏が指摘するように、禁制に書かれている文言を実際に機能させるためには、禁制を示して要求を拒絶する側にも濫妨を拒絶する備え＝暴力＝軍事力が必要であることを示している。二十八日の記述は、その現実を示しているのであり、「自力救済」という言葉に代表される実力による自らの権益の保護が、戦場周辺において実際に求められたことを示す事例である。秀吉による刀狩令発令以後でありながら、自衛するための武器を持って蜂起した郷民の姿に「自力」によって戦乱を生き抜いてきた人々の現実の姿を見ることができる。

そして、義演はそのような事態が起きることを想定して、寺の防御施設の強化を早い段階で指示し、また要求を拒絶する自らを正当化することのできる禁制獲得のために動いていたのである。秀秋の禁制では効力が弱いと見たのか、義演は、二十九日に新たな禁制獲得のために、大坂に使いを送る。使いは、翌日の晦日に帰還し、前田玄以《まえだげんい》・増田長盛・長束正家の連署と考えることのできる三奉行衆の禁制を醍醐寺にもたらした。

鳥居元忠らの奮戦によって十日間以上も続いた伏見城の攻防が終結するのが、八月一日であった。苦戦をしていた攻撃側は、まず子の刻＝午前零時頃に松丸《まつのまる》に火をかけ攻め入ると、続けて辰の刻＝午前八時頃には、今度は本丸の月見櫓に火矢を射かけ、そして千畳敷等の施設を含めて城の南から西を焼いた。更に巳末の刻＝午前十一時頃には天守閣の上層部から火が出て、午の刻＝午後零時頃には焼け落ちたことを、義演は記している。義演は、攻防戦の様子を時折寺内の長尾山に登って見物しており、松丸炎上の様子を実見したことも記している。

伏見城の攻防戦によって様々な苦労をさせられた義演ではあったが、城が焼け落ちる姿は見て流石に感慨を禁じえなかったようである。城が焼け落ちる様子を記した後で、日本全国六十余州の大名・侍達が三年間にわたって苦労して築城した城がわずか三時《みとき》＝六時間ばかりで焼け落ちてしまい、夢のようであると述べている。更に翌日には、秦の咸陽宮《かんようきゅう》と伏見城とを比較しながら、「浮雲《うきぐも》ノ《の》世間《せけん》遮眼《めをさえぎる》、可悲《かなしむべし》〳〵《かなしむべし》」と記す。秀吉の栄華に間近に接した義演にとって、城の落城が時勢の移り変わりを示すものと感じざるを得なかったことが窺える。

以上のように、義演の日記を中心に伏見城攻防戦が行われた時期をみてきたのだが、そこから窺えるのが、歴史上の事件が起きた時代に生き、その事件に直面した当事者としての義演の視点であるように思う。

義演は、七月二十四日に伏見城が堅固に防戦をしている記述の後に、「此辺《このあたり》迷惑《めいわく》此時也《このときなり》」と記す。そこには、正直な思いとして義演が、「伏見城は早く落城してくれれば良いのに」と考えていることを明確に窺うことができる。その思いは、事件に直面した当事者としての思いであり、ある意味、歴史に関する書物を読む多くの現代人が求めるヒロイズム等とは相容れないものであるように思う。歴史を学ぶ者として、歴史の当事者の視点、あるいは実像を踏まえながら歴史像を構築していくことの重要性を強く思う。

参考文献

『史料纂集　古記録編65　義演准后日記第2』（続群書類従完成会、一九八四年）
峰岸純夫『古文書の語る日本史』5（筑摩書房、一九八九年）
笠谷和比古『戦争の日本史17　関ヶ原合戦と大坂の陣』（吉川弘文館、二〇〇七年）
光成準治『関ヶ原前夜』（日本放送出版協会、二〇〇九年）

3　兼好法師と斎藤基任《さいとうもととう》

―『徒然草』第四十段のことなど―

森　幸　夫

兼好法師《けんこうほうし》はいうまでもなく、『徒然草《つれづれぐさ》』の作者であり、斎藤基任《さいとうもととう》は六波羅探題《ろくはらたんだい》の奉行人《ぶぎょうにん》である。兼好と基任とは、藤原為家《ためいえ》の嫡孫二条為世《にじょうためよ》を宗匠《そうしょう》とする二条派《にじょうは》歌人《かじん》として交流があった。

例えば、『兼好法師集』[1]（南北朝期成立）一四九には、

藤原基任がもとにて、これかれ歌よみしに
ふる雪にみちこそなけれ吉野山たれふみわけておもひいりけむ

とあるように、藤原基任すなわち斎藤基任の家の歌会で詠んだ歌が載せられている。また同集

一九七にも「基任がすゝめ侍《はべ》し、阿弥陀経《あみだきょう》の歌」を詠んだことがみえている。兼好と基任とは和歌を通じて親密な関係にあったことがわかる。

ところで最近、小川剛生《たけお》氏は兼好法師の出自について厳密な検討を加えられ、兼好法師を吉田兼好とするのは、室町期の吉田兼倶《かねとも》による捏造《ねつぞう》であり、兼好法師は俗名卜部兼好《ぞくみょううらべかねよし》といい、金沢北条氏《かねさわほうじょうし》に仕えた存在であったことを明かにされた。(2)十四世紀のはじめころ、兼好が使者として、鎌倉と六波羅探題南方に在任中の金沢貞顕《かねさわさだあき》との間を行き来したことも指摘されている。応長元年(一三一一)に兼好は、京都東山に住んでいたことが知られ、これは六波羅北方に再任された貞顕に従って上洛したためであるという。このの ち遁世《とんせい》し、公家の堀川家に侍法師として仕えたとみられている。

要するに、小川氏の研究により、兼好法師は、六波羅探題に任じた鎌倉幕府の要人金沢貞顕に仕えた経歴を持つ人物であったことが明らかにされたのである。

兼好法師がかような経歴の持ち主であったとすると、斎藤基任との親密な関係も、二条派歌人としての共通性だけに由来するものではないといえる。共通の職場であった、京都東山の六波羅探題府で、兼好と基任とは顔見知りでもあったはずである。

斎藤基任について簡単にみておこう。(3)

斎藤氏は越前国《えちぜんのくに》出身で、六波羅奉行人の中核として活躍した一族である。基任は斎藤基永《もとなが》

（観意《かんい》）の子。通称は弥四郎左衛門尉《やしろうさえもんのじょう》・左衛門大夫《さえもんたいふ》。弘安年間（一二七八～八八）から文保二年（一三一八）までの三十年以上にわたり、六波羅奉行人としての活動が知られる。正安二年（一三〇〇）には奉行人宿老として引付開闔《ひきつけかいこう》にも任じた。『新後撰集《しんごせんしゅう》』以下に入集している。父基永をはじめ、斎藤一族には二条派の勅撰歌人《ちょくせんかじん》が少なくない。

斎藤基任は六波羅奉行人の中核的存在であり、金沢貞顕が六波羅探題として赴任した時期（南方は一三〇二～一三〇八、北方は一三一〇～一三一四）には、奉行の重鎮として活動していたのである。兼好と基任との関係は、このころに生じたものなのであろう。なお兼好は一般的に、弘安六年（一二八三）ころの生まれとされているから、基任は兼好よりも二十歳ほど年長であったようである。

『徒然草』第二〇九段に、田地の所有権を争っていた者が、訴訟に負けた悔しさのあまり、どうせ道理がないのだからと、係争地のみでなく、無関係の田まで刈り取ってしまった話がある。兼好法師はその屁理屈《へりくつ》を面白がっているのだが、この話は、恐らく幕府裁判にまつわるものであるから、ネタの提供者は六波羅奉行人の斎藤基任であったかもしれない。基任が発信源のエピソード類は、同じ歌人仲間の頓阿《とんあ》の『井蛙抄《せいあしょう》』にもみえるから、彼が持ちネタの多い、話好きな性格だったことが窺えよう。

『徒然草』第四十段は異彩を放つ話題として人口に膾炙《かいしゃ》している。(4)

因幡国《いなばのくに》に、何の入道とかやいふ者の娘、かたちよしと聞きて、人あまた言ひわたりけれども、この娘、ただ栗をのみ食ひて、さらに米の類を食はざりければ、「かかる異様の者、人に見ゆべきにあらず」とて、親許さざりけり。

(因幡国にいた、何某の入道とかいう者の娘が、美貌であると聞いて、たくさんの人が求婚し続けたが、この娘は、ただ栗ばかり食べて、米の類を少しも食べなかったので、「このような変わった者は、人に嫁ぐべきではない」といって、親の入道が許さなかったということである。)

この度を越えた、因幡国の偏食娘に関する話題の提供者も斎藤基任であったようである。これまでにこの段を、国文学研究者も、斎藤基任が因幡で出家している(『草庵集《そうあんしゅう》』)ことから、基任と関連付けて理解しようとしているが、十分な説明とはなっていないように思われる。(5) 何よりも基任の地位などを前提とした議論がなされてこなかったのである。

斎藤基任と因幡国との関係は明瞭である。大炊寮《おおいりょう》領因幡国四部保《りょういなばのくにしぶのほ》の地頭職を斎藤氏が持っていた。斎藤基有《もとあり》・基任・基世《もとよ》・基明《もとあき》の兄弟が各々同保の一分地頭職《いちぶじとうしき》を有していた。(6) 基任が因幡で出家したというのも、この四部保でのことであったとみられる。また基任ら四兄弟は一分地頭であったから、四部保は父基永から各々が分割相続したものであろう。このように基任は因幡国とつながりがあり、兼好法師との親密な関係からも、上記四十段の情報提供者として、基任を想定するのは理解しやすいところである。

ただし基任を情報提供者とみるにしても、この偏食娘が基任と同じ時代の人物であったかどうかはわからない。それは基任が通常、六波羅奉行人という激務のなかで、京都とその周辺で活動していたとみられるからである。出家後は因幡にいた可能性が高いが、その出家遁世は政治的失脚であり（後述）、そのような時期に、この種の珍妙な話題を兼好に提供していたとはやや考えにくい。

ところで、この段の因幡の「何の入道」はかなり名のある地位の高い人物であったようである。それはたくさんの求婚者を断り続けたことからも窺える。農民クラスなら、親の意思に拘わらず、美貌の娘を盗み取られることもあったと考えられるからである。「かかる異様の者、人に見ゆべきにあらず」という、正当な理由（？）を盾に拒絶できたのである。この「何の入道」は恐らく名の通った武士であったと思われる。

因幡国の武士というと、私は同国佐治郷《さじごう》を本拠とした佐治重家《さじしげいえ》を思い浮かべる。(7) 六波羅探題北条重時《しげとき》・長時《ながとき》・時茂《ときもち》の三代にわたり、執事を務めた有能な政治家である。時の治天《ちてん》後嵯峨《ごさが》上皇からも信頼された重要人物である。まったくの推測に過ぎないが、重家なら、この筋の通った（?）「何の入道」にピッタリであるように思う。基任の父斎藤基永は、因幡国に所領があり、重家と六波羅探題での活動時期も重なっていたようである。とすれば、基任は父から聞いた佐治重家娘のエピソードを兼好に話したということになるのだが……、もうこれ以上の想像はやめておこう。

ただ何れにしろ、因幡国の偏食娘の話題提供者は斎藤基任であったとみてよいと考える。

斎藤基任は文保二年（一三一八）以後に、因幡国で出家した。基任は後醍醐《ごだいご》天皇の側近北畠《きたばたけ》具行《ともゆき》らと交流があり、幕府から、危険視された人物との親密な関係を疑われ、出家遁世に追い込まれたのである。これ以後、基任の活動は見出せなくなる。

兼好法師は幕府の有力者金沢北条氏の家人であった一方で、このような出家遁世を遂げた斎藤基任とも親密な関係にあった。兼好法師の立場は微妙であったともいえよう。兼好本人が幕府からマークされるような存在であったとは思われないが、このような微妙な立ち位置が、鎌倉末期に書かれたとされる『徒然草』の執筆態度に影響を与えなかったはずはあるまい。兼好が筆に及んだ幕府要人は北条時頼や安達泰盛《あだちやすもり》らであり、同時代人ではない。遁世者兼好法師の『徒然草』も政治世界とは決して無縁ではなかったのである。

註

（1）新日本古典文学大系『中世和歌集　室町篇』所収

（2）「卜部兼好伝批判」（『国語国文学研究』四九、二〇一四年）・「卜部兼好の実像」（『明月記研究』一四、二〇一六年）

（3）以下斎藤基任については拙稿「六波羅奉行人斎藤氏の諸活動」（『六波羅探題の研究』所収、二〇〇五年）参照。

（4）引用は角川ソフィア文庫本に拠る。

（5）例えば、島内裕子氏『兼好』（ミネルヴァ日本評伝選、二〇〇五年）二〇一・二〇二頁。

（6）『師守記』貞治三年二月巻紙背文書

（7）拙稿「探題執事佐治重家の活動」（『中世の武家官僚と奉行人』所収、二〇一六年）

4　戦国期における大名間の和平と「天下」
―戦国期室町将軍と織田信長による調停―

浅野　友輔

一　はじめに―前稿での課題―

前回の本シリーズにおける拙稿では「戦国大名の和平とその意識」と題し、大名同士の和平における問題点の描出を行なった。その中では、永禄《えいろく》二年（一五五九）から同四年にかけて、室町幕府《むろまちばくふ》第十三代将軍の足利義輝《あしかがよしてる》が斡旋した出雲尼子《いずもあまご》・安芸毛利《あきもうり》氏間の和平交渉を取り上げたのだが、そもそも義輝はどのような意識から和平調停に乗り出したのか。そして、それは室町将軍特有の事柄なのだろうか。特に後者の問題については、先行研究において類例の整理、検討が重ねられてきている。そこで、今回は右の二つの観点から、和平調停の対象者ではなく、調停者側の意識に目を向けてみたい。

二　和平調停と「天下」静謐―足利義晴《よしはる》、義輝父子の事例―

先に挙げた疑問点が生じたのは、前稿作成の際に用いたいくつかの史料の表現が気にかかったためであった。そこでは将軍義輝の、尼子・毛利両氏に和平を斡旋するにあたっての動機が示されている。以下に一部を現代語訳して掲げることとしよう。

お手紙を賜り恐縮です。尼子・毛利氏間の和平は、大方調うと承っています。長期間の毛利氏領国でのご滞在は、とりわけ辛労はやむを得ないことです。今回の尼子・毛利氏間の和平が調わなければ、他国からみて、面目を失ってしまいますから、必ず調えて、上洛してきてください。（〈永禄三年カ〉三月二十九日付聖《しょう》護《ご》院《いん》道《どう》増《ぞう》宛足利義輝自筆消息『毛利家文書』二三八）

毛利・尼子両氏の和談のことは、何度も言っていることですから、（毛利・尼子間の）石見の境目の儀については、互いに恨む気持ちを止め、長く停戦するのが、もっともなことです。取り立てて思うところがあれば、幸いにも聖護院門跡がご逗留されていますので、よく相談してください。（義輝にとって）これ以上面目を失うようなことはしないでください。

問題なく（和平が）調った場合には、「天下《てんか》」静謐《せいひつ》の基となります。（〈永禄三年カ〉四月四日付毛利元就《もとなり》宛足利義輝御内書《ごないしょ》『毛利家文書』二三〇）

右は義輝が尼子・毛利氏間和平を担当した聖護院道増に宛てた消息文の一部と、毛利元就に宛てた御内書である。義輝は、双方に共通して、和平が成らないと自身の面目に差し障ると書き送り、毛利元就に対しては、和平の成立が「天下」静謐の基となると書き加えている。

義輝側の状況をみると、尼子・毛利氏間の和平の斡旋を始めた永禄二年は、それまで畿内で対立していた三好氏と和解し、京都への帰還が可能となった年であった。これ以降、義輝の和平調停活動は多方面に広がっていく。東をみると上杉《うえすぎ》・武田《たけだ》氏間、今川《いまがわ》・松平《まつだいら》氏間、西は毛利・大友《おおとも》氏間の事例がみられる。義輝にとって、これらの和平斡旋は、義輝の京都での健在ぶりのアピールと、要請に対する大名からの反応の確認作業でもあった。

加えて、近似した事態は父の義晴の代でもみられる。義晴もまた、大友・大内《おおうち》両氏という大名間の和平調停を行なっていた。

（大友・大内氏間の戦争は）よくないことですので、使者を差し下しました。いかなる事情があっても、「天下」にとって重要な時期（「天下御大事《てんかおんだいじ》の時節」）ですから、和談をして必ず忠節を尽くすのが肝要です。色々なことがあるとはいえ、こちらから申し下しておりますから、その旨ご理解ください。〈天文三年〉十二月二十三日付大友義鑑《よしあき》宛足利義晴御内書写『大友家文書録』八六二）

右は大友・大内両氏の和平の斡旋を企図した義晴が大友義鑑にあてた御内書である。この時期の義晴は細川晴元《ほそかわはるもと》との対立や、細川氏および河内《かわち》畠山《はたけやま》氏内部の混乱を要因とする畿内での戦闘により、たびたび京都を離脱している。しかし、御内書が成立した年（天文三年）の夏以降、義晴は対立する晴元と和解し、近江から京都への帰還が可能となった。この状況は先の義輝のケースと似通っている。

さて、御内書の中で義晴は「天下御大事の時節」にあるため、大友義鑑に対して和平の受容を求めている。この「天下」という語については検討が重ねられてきたが、近年の研究動向では、この時期の用例は多く畿内を指していると考えられている。義晴御内書にみられる「天下」についても畿内を指しており、天文三年十二月二十三日という年月日をふまえるに、「天下御大事の時節」という表現は、細川晴元との和睦が叶って義晴が京都に帰還し、畿内情勢に一応の安定の兆しが見えたことを含んでいるといえよう。

ここから、義晴が示す「天下御大事之時節」とは、義晴の京都帰還にともなう畿内静謐の節目の時節を意味すると考えられる。義晴は「天下」の語を用いることで、自身が畿内静謐を担い得る存在にまで立場を好転させたことを示し、各大名との連携強化のため和平調停を試みたのであろう。

この点も義輝の事例と同様であり、自身の京都への帰還が成って勢威を回復した上で、他国からの面目に重きを置いて和平調停活動を行っている。その上で義輝は、尼子・毛利氏間の和平を「天下」静謐の基と位置づけているのである。

よって、将軍による和平調停活動は、大名間の戦闘に介入すること以上に、将軍にとって畿内での状況が好転していることを知らしめつつ、各大名との連絡の緊密化を図るという意味合いが強かったのである。

三　織田信長による調停と「天下」静謐

前章において足利義晴、義輝といった室町将軍の和平調停と「天下」との関係について触れたが、この文言を駆使した和平調停活動の実行者は、足利将軍にとどまらない。第十五代将軍足利義昭を追放した織田信長《おだのぶなが》は、天正《てんしょう》八年（一五八〇）に大友・島津《しまづ》氏間の和平調停を行なう際に以下の書状（黒印状《こくいんじょう》）を大友氏側に呈示した。

右の（和平に関する）条目は、いずれも異儀なく、お受けなされるのがもっともなことです。思うところがあっても、この折に（和平成立に）ご奔走されて、静謐状態となれば、「天下」にとって、忠節にあたることは、朱印状《しゅいんじょう》にみえる通りです。（天正八年九月十三日付大友義《よし》統《むね》・宗麟《そうりん》宛織田信長黒印状『大友宗麟資料集』一七八七）

右は信長が大友宗麟・義統父子に宛てた黒印状内の条目の一部である。信長はこの黒印状の中で大友・島津氏間の停戦を重ねて求めている。以降、両氏の間で境目となっている日向《ひゅうが》伊東《いとう》氏が支配していた地域への対策案や、対毛利氏戦への大友氏への協力要請などを示している。引用した箇所は、それらの条目を受けて最終条に書かれたものであった。

黒印状の成立時の信長の状況をみると、同年の三月には本願寺《ほんがんじ》との間で講和がなされている。そこから下って八月の段階では、信長から離反した摂津《せっつ》の荒木《あらき》村重《むらしげ》や、信長への抵抗を続けた本願寺勢への対応を終えており、京都周辺の情勢は表面的には安定化の方向に向かっていたといえる。これに伴い、信長は畿内静謐が実現した旨を島津氏に通達しようとしていた（天正八年八月十二日付島津義久《よしひさ》宛織田信長書状案『島津家文書』九八）。

畿内での敵対勢力との和解によって、畿内静謐に向けての動きがみられる点は、義晴、義輝の和平調停志向期の状況に通じる。信長もまた、本願寺との講和によって畿内の安定をみた時点で、畿内静謐の担当者として大名間和平に関与したといえる。

四　おわりに

以上、本稿での検討内容をまとめると、尼子・毛利両氏が戦闘を繰り広げる間に、将軍義輝は京都への帰還を実現し、父義晴が行なったように大名間和平調停活動を志向する。和平調停活動は畿内の安定化が進展し、将軍の京都着座や、同地での安全の確保を迎えた折に発動させる示威《しい》的行為であった。

加えて、後年の織田信長も、義晴や義輝と同様に「天下」の文言を使用し、大名間の和平調停を行なっている。しかも、それがみられるのは畿内に着座し、その静謐状態が進展しつつある時期であったという点も共通する。つまり、将軍による大名間和平調停は義輝期に限らず、戦国期を通じて畿内、すなわち「天下」静謐状態保持を受けもつ者が執行し得たことであったと考えられる。

前稿で取り上げた義輝斡旋による尼子・毛利氏間和平の際にも、義輝は畿内に帰還し、「天下」静謐を担い得る状態で両氏に和平への協力を求め、連絡の緊密化を図ったのである。

参考文献

神田千里『織田信長』筑摩書房、二〇一四年
橋本政宣『近世公家社会の研究』吉川弘文館、二〇〇二年
藤木久志『豊臣平和令と戦国社会』東京大学出版会、一九八六年
山田康弘「戦国期将軍の大名間和平調停」（阿部猛編『中世政治史の研究』日本史史料研究会、二〇一〇年）

なお、本稿作成後、当該テーマに重なる以下の口頭発表が行われた。

柴裕之「織田信長と諸大名―その政治関係の展開と「天下一統」―」（白山史学会第五十四回大会個別報告、二〇一六年十一月）

5　軍忠の基準

亀田　俊和

一　はじめに

軍忠《ぐんちゅう》とは、中世日本において、武士が合戦において果たした軍事的貢献である。軍忠の認定やそれに伴う感状《かんじょう》や袖判下文《そではんくだしぶみ》の発給は、将軍の支配権の根幹をなす制度であった。従って軍忠の評価基準を具体的に検討する作業は、中世日本の武家政権の特質を解明する上で必須であろう。しかし史料的制約もあって、それはほとんどあきらかとなっていない。

二　**上様が九州に行かれ京都をお留守にしていたとき、お前はどこにいたのか？**

そうした中、室町幕府初代将軍足利尊氏《あしかがたかうじ》の弟直義《ただよし》が康永三年（一三四四）九月十七日に発給した裁許下知状《さいきょげちじょう》（山城大徳寺文書）は、南北朝初期の室町幕府がいかなる基準で武士の軍忠に優劣をつけていたかが窺える貴重な史料である。

本史料は、備前国《びぜんのくに》居都荘《こつのしょう》下方《しもがた》二分方《にぶかた》地頭職《じとうしき》をめぐって、訴人《そにん》寺岡《てらおか》五郎兵衛《ごろうひょうえ》入道経智《にゅうどうけいち》と論《ろん》人《にん》林《はやし》幸菊丸《こうぎくまる》が争った裁判の判決文である。訴訟の経過は、以下に述べるとおりである。

本地頭職は、鎌倉時代には林氏の相伝の所領であった。しかし、幸菊丸の亡父林清兼《きよかね》が尊氏と敵対する後醍醐《ごだいご》天皇の味方となったため、本地頭職は室町幕府によって没収され、暦応二年（一三三九）八月二十六日に寺岡経智に恩賞として与えられた。そのときに発給された尊氏袖判下文が現存する（山城大徳寺文書）。さらに二日後には執事《しつじ》高師直《こうのもろなお》の施行状《しぎょうじょう》も発給され、杉田《すぎた》備前権守《びぜんごんのかみ》に下文の執行が命じられた（同文書）。

ところが、ここで薬師寺《やくしじ》波多地真幸なる武士が、林幸菊丸が本地頭職を押領していると偽って幕府に提訴した。それを知った経智は、異議申し立ての文書を幕府に提出した。そして本件は結局、経智と幸菊丸の訴訟となったのである。

一問一答の訴陳《そちん》の応酬の後、両者は幕府法廷に出頭し、口頭で直接対決することとなった。寺岡経智は、「林幸菊丸の亡父清兼が敵方だったのであるから、係争地を正当に支配する相伝の由緒を示す文書を幸菊丸が所有していても、幸菊丸に軍忠がなければ所領は返還できない」と主張した。これに対して幸菊丸は、建武三年（一三三六）正月二十八日付狩野《かのう》祐俊《すけとし》証判状《しょうはんじょう》や同年七月一日付細川顕氏《ほそかわあきうじ》一見状《いっけんじょう》の存在を根拠に、自らの幕府に対する軍忠を主張した。

しかし、「もし幸菊丸が本当に将軍尊氏様のお味方であったなら、上様が九州に下向された後も従軍し、戦闘に参加しているはずである。ところが幸菊丸には、顕氏と祐俊の文書のほかに軍忠の証明がない。上様が九州に行かれ京都をお留守にしていたとき、お前はどこにいたのか」と経智が幸菊丸を問い詰めると、幸菊丸は返答に窮して沈黙してしまった。これによって、幸菊丸が幕府に対して不忠であることが証明され、裁判は経智の勝訴となった。

ここで室町幕府の樹立過程を、簡単に振り返ってみよう。足利尊氏は、建武二年（一三三五）十二月に鎌倉で挙兵し、後醍醐天皇に公然と敵対した。その後、破竹の勢いで東海道を進軍し、翌三年正月に首都京都を占領する。しかし、東北地方から遠征してきた陸奥《むつ》国司《こくし》北畠《きたばたけ》顕家《あきいえ》軍が尊氏軍に追いつき、これを撃破したため、尊氏は一時九州へ没落した。

だが三月、筑前国《ちくぜんのくに》多々良浜《たたらがはま》の戦いで後醍醐方の菊池《きくち》武敏《たけとし》を破ると、尊氏は勢力を盛り返し、東上を開始した。六月に再度入京し、十月に後醍醐天皇と講和する。そして翌十一月、『建武《けんむ》式目《しきもく》』が制定され、室町幕府が正式に発足するのである。

林幸菊丸が軍忠の証拠に掲げた狩野祐俊証判状は、建武三年正月、尊氏が一度目に京都を占領したときに出された文書である。同年七月の細川顕氏一見状は、再度の京都占領時の文書である。つまり、いずれも足利軍が京都を占領し、有利に戦いを展開していた時期の軍忠の証明であると言える。対して、幸菊丸の軍忠の証明が存在しないと寺岡経智が主張した尊氏の九州下向時は、戦況が悪化して危機的な状況にあった時期だったのである。

ここから、南北朝初期の室町幕府には、※将軍が不利な戦況にあったとき、具体的には尊氏の九州没落時の軍忠を優先するという評価基準が存在した事実が判明するのである。

三　足利氏の「御内」

ところで寺岡氏とは、いかなる武士だったのであろうか。結論を先に言えば、寺岡氏は鎌倉以来の足利氏の根本被官《ひかん》、いわゆる「御内《みうち》」であったと推定できる。

足利氏所領奉行人《ぶぎょうにん》注文（東北大学附属図書館所蔵倉持文書）は鎌倉末期における足利氏所領や奉行人の概要が判明することで著名な史料であるが、それによれば足利氏の本領《ほんりょう》下野国《しもつけのくに》足利荘《あしかがのしょう》以下に配属された奉行人に、寺岡太郎左衛門尉《たろうさえもんのじょう》と寺岡左衛門入道の名が見える。

康永四年（一三四五）八月二十九日、天龍寺《てんりゅうじ》の落慶供養《らっけいくよう》が盛大に開催された。この儀式に寺岡兵衛五郎師春《もろはる》が帯剣《たいけん》の役を務め、寺岡九郎《くろう》左衛門尉も直垂《ひたたれ》を着用して参加している（『天龍寺供養日記』、白河結城家文書）。仮名《けみょう》から判断するに、寺岡師春は経智の嫡男であったと考えられる。また実名の「師」の字は、執事高師直一族の誰かから拝領した可能性があるのではないだろうか。

観応元年（一三五〇）八月九日には、高師直が武蔵守護《むさししゅご》としての立場で書下《かきくだし》を発給し、武蔵国大窪郷《おおくぼごう》を師直被官安保直実《あほただざね》に打ち渡すように守護代薬師寺公義《きんよし》に命じている。この大窪郷とは、寺岡経智から没収した所領であった（以上、埼玉県立文書館所蔵安保文書）。観応元年八月と言えば、師直と足利直義の対立が顕在化し、直義が失脚して引退・出家していた時期である。この頃、経智は直義派の旗幟を鮮明にしたために所領を没収されたのではないだろうか。

寺岡氏は、室町期においても奉公衆《ほうこうしゅう》として存続している。例えば長享元年（一四八七）九月、九代将軍足利義尚《よしひさ》が近江《おうみ》守護六角高頼《ろっかくたかより》を征伐するために同国坂本《さかもと》に出陣した際には、二番奉公衆として寺岡九郎左衛門尉が従軍している（『長享元年九月十二日常徳院殿様江州御動座当時在陣衆着到』〈『群書類従』第二十九輯〉）。

建武戦乱期において、寺岡経智が具体的にいかなる軍忠を挙げたのかは残念ながら管見に入らなかった。しかし右の経歴を瞥見するだけでも、九州に没落した尊氏軍にも当然従軍し、主君と苦楽をともにしていたことは確実であろう。少なくとも、林幸菊丸の軍事的貢献とは比較にならなかったに違いない。

四　おわりに

本稿で指摘した事実は、ごく当たり前で特に目新しいものではない。また、当時の幕府に存在していたであろう多数の複雑な軍忠評価基準のごく一部にすぎない。

しかし冒頭で述べたように、軍忠評価の基準を具体的に検討することは、中世日本の武家政権の特質を解明する上で必須の作業であると考える。今後も、史料を丹念に検索し、文章を深く読み込みながら、細々とこの問題を考えていきたいと考えている。

参考文献

漆原徹『中世軍忠状とその世界』（吉川弘文館、一九九八年）
佐藤進一「室町幕府論」（同『日本中世史論集』岩波書店、一九九〇年、初出一九六三年）
福田豊彦「室町幕府の奉公衆体制」（同『室町幕府と国人一揆』吉川弘文館、一九九五年、初出一九八八年）

6　江戸時代における埋蔵金発掘
―結城晴朝《ゆうきはるとも》の埋蔵金をめぐって―

竹村　到

一　はじめに

今から三十年以上前になるが、筆者がまだ子どもであったころには、テレビ番組でよく埋蔵金特集が放送されていた。記憶が曖昧だが、「武田氏埋蔵金」「徳川埋蔵金」の発掘を計画し、実際に発掘するドキュメンタリーといったような内容だった。いつのころからか放送がなくなったが、約三十年前には確かに「埋蔵金」の存在を信じ、真面目に発掘を試みていた人びとがいたのである。この埋蔵金の存在を信じ、発掘しようとしたのは現代人だけでなく、江戸時代の人びとも埋蔵金の発掘を試みた。現在、埋蔵金というと武田と徳川のそれを思い浮かべるが、江戸時代では結城晴朝《ゆうきはるとも》の埋蔵金がもっとも有名であった。幕府の記録によると、江戸時代を通じて計八回の発掘が計画されたそうである。

結城晴朝（一五三四―一六一四）は、戦国時代から江戸時代初頭の武将で、下総国《しもうさのくに》結城に本拠を置いた。天正《てんしょう》十八年（一五九〇）の豊臣秀吉《とよとみひでよし》による小田原攻めに参加し小田原に参陣、その後当時秀吉の養子であった徳川家康《とくがわいえやす》の次男秀康《ひでやす》を嗣子に迎え、家督を譲る。秀康の転封に伴い、慶長六年（一六〇一）に北庄《きたのしょう》（福井）へ移り、同十九年七月二十日に死去している。結城の埋蔵金は、晴朝が福井に移る際、金銀・重器を地中に埋めたとされ、江戸時代の人びとには広く信じられていたようである。

これまで埋蔵金探しをした人たちには知られていないようだが、江戸幕府の公式記録である「旧幕引継書《きゅうばくひきつぎしょ》」（国会図書館）と呼ばれる史料群の中に、「野州本吉田村地内埋金堀立願一件《やしゅうもとよしだむらじないうめきんほりたてねがいいっけん》」と呼ばれる江戸時代の埋蔵金発掘に関する記録が残されている。これは、天保《てんぽう》五年（一八三四）から翌々年にかけて下谷通新町《したやとおりしんまち》（現、荒川区南千住）の次左衛門《じざえもん》が、結城の埋蔵金の発掘を試みた時の記録である。以下、ここにある記事から、埋蔵金をめぐる顛末を紹介することにしよう。

二　出願と予算

江戸時代であっても、埋蔵金の発掘は勝手にするわけにはいかず、幕府を始めとする関係各所への内諾が必要となる。発掘を試みる次左衛門は、まず埋蔵金があるとされる下野国《しもつけのくに》本吉田村（現下野市）の役人とその領主である松前《まつまえ》氏に相談し、その了承を得てから、江戸町奉行《ぶぎょう》所《しょ》に対し発掘の出願を公式におこなった。その願書には、次のように記されている。

史料1

（前略）恐れながらこの度願い上げたてまつり候儀は、孫右衛門《まごえもん》所持まかりあり候《そうろう》地所の儀は、往昔《おうじゃく》結城晴朝公御隠居《ごいんきょ》の由《よし》、然るところ晴朝公の末期《まつご》におよび金銀・重器の類、御家来伊沢佐渡守《さどのかみ》え申し付けられ、土中《どちゅう》え御埋なされ置き候由……今般《こんぱん》堀り方諸雑費差し出しくれ候者どもこれあり候につき、堀り立て仕りたく……いよいよ堀り得《え》候上は、御公議《こうぎ》様え十分の二上納仕りたく、あと八分の内、御地頭《じとう》所え二分あい納め、同一分地所持《もち》主弥右衛門《ぬしやえもん》ならびに惣村《そうそん》方えあい渡し、残りは願人ども諸入用として下し置かれたく願い上げたてまつり候……願いの通り仰せ付けられ下し置かれ候よう、ひとえに願い上げたてまつり候（後略）

ここには、まず孫右衛門が所持する土地に埋蔵金があり、諸経費の出資人がいるので発掘したいこと、続けて出土した際における埋蔵金の分配高が記されている。最後にそれを踏まえ、町奉行所に発掘許可を申請している。

町奉行所では、願意《がんい》の詳細について、質問や関係者の江戸召喚《しょうかん》を繰り返し、願書内容や手続きの不備を確認した。確認には約五か月を要し、最終的には老中《ろうじゅう》の裁可を経て、十一月二十七日に発掘許可が出された。同時に、領主の松前氏には、風俗などに乱れがないよう現場の監督を命じている。

次に、次左衛門がこの発掘にあたって計上した予算を見ておこう。発掘に伴う総額は、一八〇〇両である。この内訳は、①幕府に提出する保証金＝三〇〇両、②道具・人足代、および現場の原状回復作業代＝七五〇両、③滞在費、会議費用＝七五〇両である。そのうち、①は出願人が用意し、その内一〇〇両を許可後すぐに提出し、残りの二〇〇両は発掘現場へ出発する際の提出とされていた。②は、総額のうち二〇〇両を願人仲間で用意し、残りの五五〇両についてては出金者を現場で募ることとされた。③は、発掘工事を担当する幸次郎《こうじろう》・権七《ごんしち》の両名の用意とされていた。

三　発掘現場の様子

町奉行所からの許可を出たのち、出願人は工事現場における作業場の完成を待って、翌天保六年二月四日に江戸を出発した。同十一日から発掘作業が開始されている。町奉行所は、当初静観していたが、三月に現地を廻村《かいそん》した関東取締出役《かんとうとりしまりでやく》から、町奉行宛の報告書が到来し、状況が一変した。報告書には、現場の状況が次のように記されていた。

史料2

（前略）（発掘―筆者補）場所え四十間四方《しほう》の矢来《やらい》を補理《しつらい》、埋金堀立会所《うめきんほりたてかいしょ》に小屋場《こやば》取締方《とりしまりかた》と認《したた》め候杭《くい》を外通《そとどお》り所々《しょしょ》え打ち立て、矢来の内二間ニ十二間の小屋、裏の方に二間半四方の賄場《まかないば》付きの一棟をあい建て、……側には晴朝大明神の由祭り置き、江戸表よりまかり越し候由の日蓮宗の僧両三人、埋金出候様にと日々祈念《きねん》致し、……右風聞大造《ふうぶんたいそう》にて近郷《きんごう》は勿論、遠方よりも日々見物人群集……右晴朝大明神参詣の由にてサンモツ（＝賽物）等持参さへ致し候えば、矢来内えも入り候振り合い、右につき村内に新規茶屋《ちゃや》、又は旅籠屋体《はたごやてい》をあい始め候もの追々出来《しゅったい》、当時六・七軒にて金堀の場所え案内致し候旨、通り候見物人を呼び込み、酒食いたし候えば先書《せんしょ》の通り晴朝大明神参詣の者の由に取り計らい、場所見物勝手次第に致させ候……茶屋・旅籠屋などにて道中筋より食売女《めしうりおんな》など雇い集め、酒の相手にも差し出し候目論見《もくろみ》に取り掛かり候旨、その上堀立入用《にゅうよう》として当節《とうせつ》金二両二分出金《しゅっきん》の向きえは堀当り候えば二十五両、五両出金の向きえは五十両、その余りには右の割合にて返金あいなり候事に付、出金の志《こころざし》これあるものは金主《きんぬし》え申し聞くべき旨の書付、茶屋・旅籠屋入口に張り置き、金主加入をあい勧め……人足どもと交り博奕《ばくえき》を致し、場所不取締《ふとりしまり》（後略）

なかなかにすさまじい状況である。現場の小屋脇に晴朝大明神を祀り、江戸から僧侶を呼び寄せ「金よ出ろ、金よ出ろ」と祈祷《きとう》させる。そこに「サンモツ（＝賽物）」を奉納すれば発掘現場の見学が可能となる。周辺には茶屋・旅籠ができ、女性に酒の相手などをさせ、出資人の勧誘をおこなう。また、人足たちが博奕をするなど、まさしく「不取締」の状況であったことがわかる。

これを聞いた町奉行所は同心《どうしん》を現地に派遣し、現地の状況を確認させた。三月二十五日付の同心の報告には、発掘時に排水させるための水車が予定どおりに揃わず作業に支障があったこと、茶屋が三軒出来ていること、埋蔵金に関する刷物が刊行されていること、埋蔵金の箱まで残り少しなので、出願人が発掘を継続したがっていることが記されている。

町奉行所は、一旦発掘の延長を許可しその旨を通達したが、その後も状況を引き続き調査させた。現地からは大雨による洪水や参勤交代などによる人足不足、農繁期に入るため今後の作業が困難である状況が報告された。報告を総合的に判断した町奉行所は、出願人へ「堀方あい止めさせ、場所元の如く埋め立て、見分《けんぶん》の上帰府《きふ》仕るべき旨申し渡す哉《や》……願い下げいたし候はばそれ迄の儀、もし当冬に至り再び堀り方致したき旨あい願い候はば、当時は堀方をあい止めさせ、再堀《さいぼり》致し候」として、ここで作業を止めるか、来年再チャレンジをするかを選択させた。出願人は再チャレンジの道を選び、この作業は一旦休止とされたのである。

四　再チャレンジ

前年は江戸からの出発が遅れ、現地での作業時間が短かったこともあり、再チャレンジでは秋口早々の行動開始が求められたが、休止中の土木作業員の確保や出願人の金策が思うように進まず、たびたび出発時期の延長が申請された。結局土木作業員とは破談となり、出願人たちだけでの発掘作業となった。それにより、保証金の一部下げ渡しと十一月までの作業開始の延期、さらに作業期間を晴天五日間とすることが申請された。町奉行所は、保証金の一部下げ渡しだけは頑として受け付けず、却下している。手詰まりとなった出願人は、天保六年（一八三五）十一月二十八日になって、今回の一件の取り下げを申請した。取り下げを受けた町奉行所は、その旨を老中に伝え、その裁可をもって正式に作業の中止が決定したのである。

その後、出願人は現地の埋戻し作業を届け出て、現地での原状回復の作業に従事した。作業が思うように進まず、複数回の作業期間延長を申請したため、町奉行所から本当に原状回復しているのか嫌疑をかけられた。それを聞き慌てた次左衛門は、作業の期日を天保八年（一八三七）二月二十日とすることを届け出たが作業は終わらなかった。そのため、町奉行所が二月中に終了しなければ裁判とする旨を通達している。結局、関係各所から終了報告がなされたのは三月七日であり、同日付で一件落着とされたのである。

五　おわりに

江戸時代の埋蔵金発掘の一端を垣間見てきた。ここからは、埋蔵金に対する考え方や、作業現場でのにわか商売の方法など、江戸時代人が現代人とあまり変わらない感覚を持っていたことがわかる。こういった案件を老中に上申する時、町奉行はどのような顔をしていたのだろうか。結城の埋蔵金は、明治時代にも発掘が試みられたようだが、現在も見つかっていない。もし、可能性を信じる方がいるならば、これからチャレンジするのも良いだろう。ただし、チャレンジして何も出てこなくても筆者は何の責任も取らないので、ご了承を。

参考文献

「天保六未年六月　野州本吉田村地内埋金堀立願」『天保撰要類集』第九六―二・三・四〈町人諸願之部〉（国立国会図書館、旧幕引継書）
畠山清行『日本の埋蔵金』（中公文庫、一九九五年）

7　最澄・空海の交流〜訣別

―両者の心の繋がりが無くなったのはいつか―

池田　敏宏

一　はじめに

本稿では、日本天台宗《てんだいしゅう》を開いた最澄《さいちょう》（七六七〜八二二）と、真言密教《しんごんみっきょう》を日本にもたらした空《くう》海《かい》（七七四頃〜八三五）の交流〜訣別《けつべつ》の経緯を記してみたい。まず、はじめに二人が交友を開始する契機について整理したい。

二　最澄・空海、交友の契機

延暦《えんりゃく》二十三年（八〇四）、最澄は短期留学者として中国天台宗の教理を学んだ。さらに帰国の途上、順暁《じゅんぎょう》阿闍梨《あじゃり》（生没年不明）のもとで胎蔵《たいぞう》系密教を伝授された。

一方、空海も、最澄と同じ年、留学僧（期間は本来二十年）として入唐、恵果《けいか》阿闍梨（七四六

～八〇六）から胎蔵・金剛界《こんごうかい》・伝法《でんぽう》阿闍梨位の三つを伝授された。そして留学を切り上げ、大《だい》同《どう》元（八〇六）年十月、九州に帰着。恵果直伝の密教が全仏教のなかで最勝な教えであることを帰国報告書（『請来目録《しょうらいもくろく》』）に著した。

この書を披見した最澄は、自身がもたらした密教が不完全なものであることに気付いた。そして、本格的な密教を学ぶため空海と交流を開始した。

三　現存書簡から見た最澄・空海の交友度

最澄の書簡集（『伝教大師消息《でんぎょうだいししょうそく》』）約五十通中、半数は空海にあてられたものである。他方、空海から最澄に宛てた確実な書簡は現存三通（『風信帖《ふうしんちょう》』）が知られるのみである。最澄・空海の交友～訣別の諸事情（密教観の違い等）があるとはいえ、「現存する両大師の書簡をみる限り、交わりを願う気持ちは」、最澄の方が「積極的であった」。しかも、これらのほとんどは最澄による密教経論借覧に関係したもので、いかに最澄が真言密教の伝授を望んだかがわかる（高木一九九九、七～十頁・一二七～一二八頁・二四一～二四二頁）。

四　世俗上、および密教伝授上の最澄・空海の関係

次に、世俗上の二人の関係を整理する。二人が交友し始めた大同四年（八〇九）頃の状況を

みると、最澄は内供奉《ないぐぶ》十禅師《じゅうぜんじ》（天皇付きの僧侶）であり、天台宗も律令政府から一宗として認められていた（加えて、最澄は空海よりも八歳年上であった）。かたや空海はこの時点では無名で、真言教団も政府の公認を得ていない状態であった。

しかし、この関係は密教伝授で逆転した。『伝教大師消息』を見てみると、最澄は「下資《かし》」「求法《ぐほう》弟子最澄」「受法弟子」「東山《とうざん》（比叡山《ひえいざん》）の資」「末資《まっし》」等と自称する。逆に、空海に対しては「遍照《へんじょう》阿闍梨」「高雄大日《たかおだいにち》闍梨」「西山《せいざん》（高雄山寺《たかおさんじ》）の遍照大闍梨」「吾が大師」等と敬い、弟子としての礼を取り続けた（高木：一九九九、一二七～二〇六頁）。

さらに弘仁《こうにん》三年（八一二）十一月、空海は高雄山寺にて金剛界の結縁灌頂《けちえんかんじょう》を最澄ほか三名に授け、十二月には大悲胎蔵《だいひたいぞう》の結縁灌頂を最澄以下、一四五名に授けた。結果、最澄が弟子になることにより、空海が密教の師匠であることを世に示すこととなったのである。

五　最澄・空海、すれ違いの経緯

①弘仁三年（八一二）＝訣別の契機㈠

ところで、弘仁三年の灌頂直後の最澄・空海の対話が収録されている「天台最澄和尚の弟子等、（空海）阿闍梨に奉る書」（『伝教大師消息』所収）によれば、

［最澄が空海］和尚《おしょう》に問うて云《い》わく、大法儀軌《だいほうぎき》［伝法灌頂］を受けんこと幾月《いくつき》にか得《え》せしめんや、と。［空海が］答えて云わく、三年にして、功《こう》を畢《お》えん［修業を終える］、と。（略）

ある。すなわち、最澄が望んだのは密法の伝授を証明する伝法灌頂であったが、実際なされたのは密教への入門を示す結縁灌頂に過ぎなかった。しかも、密教の奥義《おうぎ》を授かるには、あと三年もかかると言われたのである。両者のすれ違いは、ここから徐々に深まっていくのであった。

②弘仁四年（八一三）＝訣別の契機㈡

しかも、経論の借覧・写本によって密教を学ぼうとする最澄の姿勢が露わに出てしまったのが、

（略）此《こ》の院《いん》［比叡山寺］にして写し取ること穏便《おんびん》あり。（略）写すところの本、好便借与《こうびんしゃくよ》せられよ

という書簡である（この書簡は「世間の願」で始まる。宛名と年次を欠いているが、武内孝善氏（武内：二〇〇六）の検討の結果、最澄が弘仁四年〈八一四〉に空海に宛てた経論書写依頼状と考えられる〈『伝教大師消息』所収〉）。

しかも、こうしたやりとりが続いたため、空海は同年、「叡山の澄法師《ちょうほうし》、理趣釈経《りしゅしゃっきょう》を求むるに答する書」（『性霊集《しょうりょうしゅう》』巻二所収）で、

（略）秘蔵《ひぞう》（密教）の奥旨《おうし》（奥義）は文を得ること（文章だけの理解）を貴《たっと》しとせず。唯心《ゆいしん》を以て心《こころ》に伝《つた》ふるに在《あ》り（師から弟子へ以心伝心していくことに意義がある）。（略）真を棄てて偽を拾ふは愚人の法なり。愚人の法には汝随《したが》ふ可からず、亦求む可からず

と最澄の修道姿勢を諫めている。

③弘仁七年（八一六）＝交流の終焉

加えて、泰範《たいはん》（〈七七八頃～九世紀中葉頃？〉比叡山の次期後継者）が、空海のもとで真言密教を修しているうち、天台教団へ帰らないという事件が起きていた。事件が起きた弘仁三年（八一二）五月以降、最澄は度々、泰範へ手紙を送っている。うち、同七年（八一六）五月一日付け書簡中（『伝教大師消息』所収）で、

（略）然《しか》れども、法華一乗《ほっけいちじょう》［天台の教］と真言一乗《しんごんいちじょう》［真言の教］と何ぞ優劣《ゆうれつ》あらんや

と天台宗と真言宗の教えの同一性を述べて帰山をうながしている。

一方、これに対する「泰範、叡山の澄和尚に答するが為の啓書《けいしょ》」（実際は空海の代筆。『性霊集』巻十所収）は、

（略）顕《けん》［顕教と］密《みつ》［密教とでは］説《せつ》［仏様の教え］を別《べつ》んじて権《ごん》［方便の教え］実《じつ》［真実の教え］の隔《へだ》て有り

と顕教《けんぎょう》（天台宗の教えを含む全ての仏教）と密教（真言宗）の相違を返答している。つまるところ二人の「天台と真言に対する見方の相違が泰範の去就という問題を通じて露呈」したのであり（田村一九八五、一二六頁）、これ以降、最澄・空海は二度と書簡を交し合うことはなくなったのであった。

六　おわりに—両者の心の繋がりが無くなったのはいつか—

では、両者の心のつながりが無くなったのは、いつなのであろうか？　最後に、この問題について筆者の意見を記してみたい。

①武内孝善氏の所説

空海研究の第一人者である武内孝善氏は、著書中で、空海撰述「中寿感興の詩幷に序」（『性霊集』巻三所収、弘仁四年十一月の作と推定）をめぐる二人の書簡往来に注目し、十二月十六日付け空海発最澄への礼状から、最澄が「空海に和韻《わいん》の詩を送」り、「一見二人の交友がうまく運んでいるかに見受けられる」点を指摘する（当時、「賀詩《がし》の贈与を受けた人は、その詩の韻を踏んだ唱和の詩をつくり、祝意を表するのがならわしであった」）。しかし、それはうわべだけのことで、この時点で、二人の意識のずれは「修復のきかない状態」に達していた（上記「五　最澄・空海、すれ違いの経緯」②も含め）と推考している（武内：二〇〇六、三六三～三七一頁）。

②筆者説

一見すると武内説（意識のずれの整理・再解釈）は、妥当性が高くみえてしまう。しかし、最澄側の視点で捉え直すと、最澄が、空海との訣別を意識した時期について疑問が残る（武内氏自身も、「心を改めてくれることに一縷《いちる》の望みをたくし（略）」と記しているように〈武内：二〇〇六、三六四頁〉）。結論を記せば、最澄が、空海との訣別を意識したのは、弘仁六年（八一五）春以降のことと筆者は推察する。

と言うのは、空海は、弘仁六年春、幾人かの弟子を東国に派遣し、最重要な密教経論の書写を勧め、かつ、真言宗の教線拡大を積極的に行いだしたからである。

空海の書簡集（『高野雑筆集《こうやざっぴつしゅう》』）には、この時の書簡が九通残っている。しかも、東国の天台教団にあてたと思われる書状（「下野広智禅師《しもつけこうちぜんじ》」宛書簡、「萬徳《まんとく》〈基徳《きとく》の誤写か〉菩薩《ぼさつ》」宛書簡断片）が二通もある。さらに、この勧進に応えたと考えられる『金剛頂一切如来真実摂大乗現証《こんごうちょういっさいにょらいしんじつしょうだいじょうげんしょう》大教王経《だいきょうおうきょう》』三巻が京都市高山寺《こうさんじ》に現存している（奥書に「上野国《こうずけのくに》　緑野郡《みどののぐん》　浄院寺《じょういんじ》［の］一切《いっさい》経本《きょうほん》（略）写経主《しゃきょうしゅ》［は］仏子《ぶっし》［一乗仏子《いちじょうぶっし》の省略記載。天台門徒《もんと》を指す］教興《きょうこう》（略）弘仁六年　歳次乙未　六月十八日（略）」とある〈赤尾：一九九二〉）。すなわち、「東国の天台門徒に真言宗の布教活動を行うとは、何事か。天台宗を愚弄するにも程がある！」と最澄が痛感し、空海に愛想を尽かしたのが、この頃と思われる。

余談ではあるが、この東国の天台教団へのゆさぶりは最澄にとっては深刻な問題（泰範離山問題の二の舞）だったようである。だからこそ、弘仁八年（八一七）春～初夏頃、最澄自身が事態を収拾させるため、

本願《ほんがん》の催《もよお》す所《ところ》、東国《とうごく》に向かう（略）（『叡山大師伝』）

ことになったと筆者は捉えている（もう一つの背景として、徳一《とくいつ》〈八世紀中葉頃？～九世紀前葉頃？〉

が率いる法相《ほっそう》系教団〈東北地方南部から関東地方北東部にかけて勢力を有する〉との対峙《たいじ》もあったのは先学諸氏の御指摘〈池田：一九九四、六三頁～六七頁で研究史を整理〉のとおりであろう）。

参考文献

赤尾栄慶「高山寺蔵『金剛頂瑜伽経』（浄院寺一切経）について」（『学叢』第十四号、京都国立博物館、一九九二年）
池田敏宏「「いわゆる道忠系天台教団」に関する基礎的考察―道忠系天台教団概念の検討―」（『特別展　生誕一二〇〇年記念　慈覚大師円仁』栃木県壬生町立歴史民俗資料館、一九九四年）
高木訷元『空海と最澄の手紙』法藏館、一九九九年
武内孝善『弘法大師空海の研究』吉川弘文館、二〇〇六年
田村晃祐『最澄のことば』雄山閣、一九八五年
※読下《よみくだ》し資料の引用は次の文献によった。なお読下し文中の［　］内は筆者の補記《ほき》である。
今鷹真訳注「遍照発揮性霊集　巻第二・巻第三」（『弘法大師空海全集』第六巻、弘法大師空海全集　編輯委員会、筑摩書房、一九八四年）
『群馬県史　資料編4　原始古代4　文献』群馬県、一九八五年
佐伯有清『叡山大師伝の研究』吉川弘文館、一九九二年

高木訷元訳注「高野雑筆集」（『弘法大師空海全集』第七巻、弘法大師空海全集編輯委員会、筑摩書房、一九八四年）
牧尾良海訳注「続遍照発揮性霊集補闕鈔　巻第十」（『弘法大師空海全集』第六巻、弘法大師空海全集編輯委員会、筑摩書房、一九八四年）

8　怒って、そっこー！　殴り込み

細川　重男

【そっこー】　速攻。即行。二十世紀末から日本の若者の間で使われ始めた俗語。「すぐに」「すぐさま」「ただちに」などの意。

平安時代から明治時代初期にその身分が消滅するまで、長めにとれば一〇〇〇年くらい日本にいた、武士。この武士における主人と従者《じゅうしゃ》（家臣《かしん》）の関係は、個人と個人の間に結ばれた私的なモノ（私的主従関係《してきしゅじゅうかんけい》）であり、これは江戸時代まで、本質的に変化無かった。

では、平安時代以来、多くの家臣を有した、いわゆる「武家《ぶけ》の棟梁《とうりょう》（武士の大親分。鎌倉時代以降は、幕府の首長である征夷大将軍《せいいたいしょうぐん》の別称となる）」とは、武士たちから何を期待された存在だったのであろうか。

八幡太郎《はちまんたろう》の仮名《けみょう》（通称）で知られ、「武家の棟梁と言ったら、この人！」と、かつては日本人なら誰もが知ってた源　義家《みなもとのよしいえ》（一〇三九〜一一〇六）。鎌倉時代成立の説話集（おもしろい話集）『古事談《こじだん》』の巻四に、義家についての次のようなエピソードが載っている。


義家と、その又従兄弟《またいとこ》源国房《くにふさ》の子光国《みつくに》が口ゲンカをした時、義家が言った。

「オレが、どんなに優しい（平心《へいしん》＝優しい心）か、おめェのオヤジが知っている。聞いてみろ」

光国は言い返した。

「オヤジはオヤジ、オレはオレだ」

このやり取りは、かつて義家の父源頼義《よりよし》が京都の革堂《こうどう》（行願寺《ぎょうがんじ》の通称）で逆修《ぎゃくしゅう》（生前に自分で自分のお葬式をやってしまうこと。たいへん功徳《くどく》があって、かえって長生きできるらしい）の仏事《ぶつじ》をおこなっていた時に起きた事件を背景にしている。

出席していた義家のところに、その郎等《ろうどう》（家臣）が一人やって来て、義家の耳に何かささやいた。途端に義家は怒気も露わに席を立ち、自分の館《やかた》に帰って行ってしまった。

この様子を見た頼義は、自分の郎等を一人呼んで命じた。

「義家がカンカンになって帰って行った。何事か、おめェ、行って見て来い」

義家邸から帰った郎等が報告して言うコトには、

「義家殿はヨロイ（着背長《きせなが》）を引っ張り出し、戦闘用ブーツ（ツラヌキ）を履いて、馬に鞍を付けてるとこでした」

これを聞いた頼義は、

「やっぱりな。怒《おこ》り過ぎて、マユ毛も髪も逆立ってやがったからな」

と言った。で、頼義は、また郎等に命じた。

「『何だか知らねェが、ワシの仏事は後、二日だ。結願《けちがん》（仏事終了）の後は、何やってもかまわねェから、今は大人《おとな》しくしてろ』って、ワシが言ってるって、ヤツに伝えろ。つっても、どーせ聞きゃしねェだろうから、門を鎖で縛って、おめェは垣根、飛び越えて帰って来い」

再び義家邸に向かった郎等は、言われたとおり、義家邸の門を鎖で縛り、鎖にカギを掛けて革堂に戻った。

だが、義家は、

「ブッ壊して、開けろ！」

と命じ、門を破壊して開けさせ、自邸を出陣したのである。

この騒動の原因は、義家の美濃国《みののくに》（だいたい岐阜県）に住む郎等が、源国房から笠咎《かさとが》めを受けたことにある。笠咎めとは、①自分の被《かぶ》った笠が他人の被った笠に触れてしまい、その無礼を咎められるコト。②格上の者の前を格下の者が笠を被ったまま通過して、その無礼を咎められるコト（小学館『日本国語大辞典』）であり、この話の場合は②であろう。つまり、義家の郎等は国房から、

「オレ様の前を笠被ったまンま、お通りたァ、ずいぶんナメたマネをしてくれるじゃねェか？」

と因縁《いんねん》を付けられ、報復に、弓の弦《つる》を切られたのである。これは、「弓馬《きゅうば》の士《し》（弓と馬の上手な男）」とも呼ばれた当時の武士にとっては、最大級の恥辱である。

辱《はずかし》めを受けた郎等が飛脚《ひきゃく》で顛末《てんまつ》を伝えると、義家は聞くなり、スーパーサイヤ人（『ドラゴンボール』だよ）や怒った猫のごとく、マユや髪が逆立ってしまうほどに激怒し、父が止《と》めるのも振り切って、たちまちに出陣したのである。

京の館《やかた》を駆け出《い》でた時は、三騎。

関山《せきやま》（逢坂山《おうさかやま》。滋賀県大津市）を通過した時は、十五騎、

翌早朝、美濃の国房の館に攻め寄せた時には、二十五騎になっていた。

義家たちが国房邸に火を懸《か》け攻め入ると、国房側は反撃する者とていない。国房は赤いパジャマ（紅《べに》の宿衣《しゅくえ》）を着て、髻《もとどり》も結《ゆ》わないまま、鷹狩りの鷹もほったらかし、馬に飛び乗って、館の裏山に逃げ込んだ。

逃げる国房を見た義家の郎等の一人が、義家に向かって言った。

「国房のヤローは、すぐそこっす！　ブチ殺してやりやしょう！（敵は目にかけて候《そうろ》ふ。打ち取るべくや候や）」

だが、義家は、

「あの程度のヤツを懲《こ》らしめるにゃァ、コンなモンで良《い》いだろう（さほどのものの誡《いまし》め、これに過《す》ぐべからず）」

と答え、

「ああ♪　良い気持ちだ♪（さやかにてありなん。さやか＝爽《さわ》やか）」

と言って、京都へと帰って行ったのであった。

この時、国房を殺さずに去ったことを、義家は「オレは優しい」と言ったのである。

一読してわかるとおり、物騒な話である。義家の郎等は確かに恥を掻《か》かされたが、殺されたわけではない。その復讐《ふくしゅう》に、相手の家に火を放って二十五人で攻め込み、大暴れ。国房側には死傷者が多数出たはずである。その上に、国房を「ブチ殺してやりやしょう！」である。武士（つーか、義家軍団）の過激な暴力性に呆《あき》れる。

ところで、今、この国ではイジメが蔓延《まんえん》し、自殺者も出ている。同級生にイジメられて「もう自殺しちゃおうかな？」と思っている中学生は、自殺しないために、どうすれば良いのか？

源義家のもとに行くのである。

そして、名簿《みょうぶ》（名札《なふだ》）に自分の名を書いて、義家に差し出すのだ（名簿奉呈《ほうてい》）。義家が受け取ってくれたら、中学生は義家の郎等である。義家が名簿を受け取ってくれたなら、訴えればよい。

「クラスメートのA君とB君とC君とD君とE君がボクをイジメます。教室でボクのズボンとパンツを脱がして笑い者にして、『金を持って来い』と言って、毎日、ボクを殴ります。悔しいです」

これを聞いた義家は、事勿《ことなか》れ主義の教師のように、

「君にも悪いところがあるンじゃないか？　話し合ってごらん」

などとは言わない。義家は聞くなり、

「何を?!　コラ！　任せとけ！　ヤロー共！　集まれ！」

と叫んで、出陣である。陸続《りくぞく》と続く郎等たち。

義家軍団は、中学校に押し寄せ、校舎に火を放《はな》って、攻め込む。もちろん、イジメっ子は皆殺しである。イジメを見て見ぬフリした担任も殺す。副担任も殺す。学年主任も殺す。教頭も

殺す。校長も殺す。
でも、義家は「優しい」から、その他の生徒・教員は許すであろう。
大事件である。連日の報道に世間は震撼《しんかん》するに違いない。
だが、義家の郎等となった中学生へのイジメは、確実に止《や》むのである。

もっとも、この話がどこまで史実を伝えているのかは、わからない。なにしろ義家の時代と『古事談』の成立は一〇〇年くらい離れている。また、南北朝時代の軍記物『源威集《げんいしゅう》』（東国武家社会で成立）には、「義家、怒って、そっこー！　殴り込み」という中核部分は共通するものの、他はまったくと言って良いほど異なるバージョンが記されている（たとえば、『源威集』では、義家が戦った相手は国房の父頼国《よりくに》）。だが、『古事談』と『源威集』に大きく異なるバージョンが記されているというコトは、鎌倉・南北朝時代には特に東国武家社会で、この話が良く知られ、人気があったことを示していると考えられる。だからこそ、いろいろなバージョンが語られていたのではないか。
郎等の喜びや怒りや哀しみや楽しみ、そして悔しさを、我がコトとし、それを即座に行動で示す——源義家とは、そういう人だった。そのように鎌倉・南北朝の武士たちは信じていた。だからこそ、源義家は武士たちにとって「理想の棟梁」だったのである。

◎清和源氏略系図

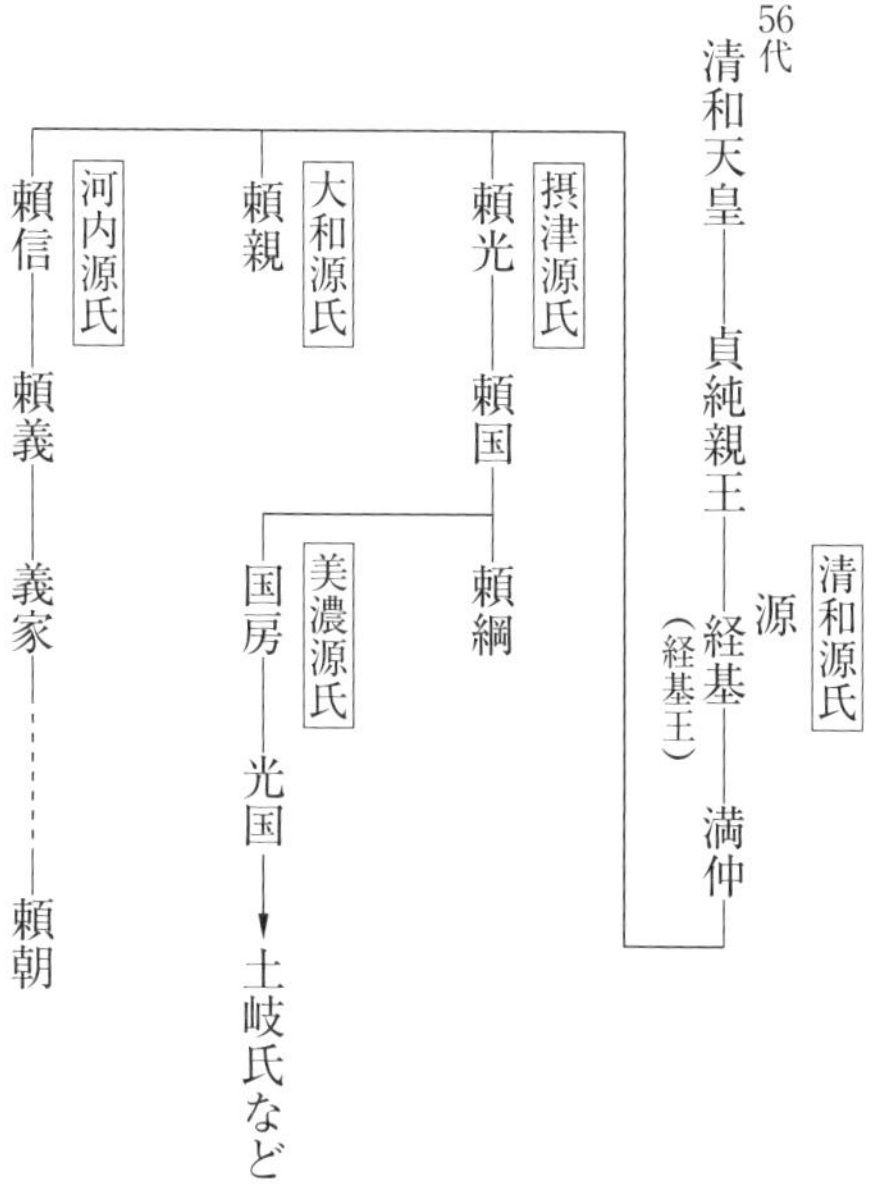
56代
清和天皇
貞純親王
清和源氏
源
経基
（経基王）
満仲
摂津源氏
頼光
頼国
頼綱
美濃源氏
国房
光国
土岐氏など
大和源氏
頼親
河内源氏
頼信
頼義
義家
頼朝

参考文献

小林保治校注『古事談』上・下（古典文庫、現代思潮社、新装版二〇〇六年）
矢代和夫・加美宏校注『梅松論・源威集』（新撰日本古典文庫、現代思潮社、一九七五年）

9　古代日本における律の編纂《へんさん》とその意義

―日唐律の比較を通して―

永井　瑞枝

一　はじめに

古代日本国家の統治方針を形づくる法典である律令《りつりょう》は、唐のものを継受して編纂及び運用が図られた。日唐律令の比較研究はこれまでに種々蓄積されてきているが、近年の北宋天聖令《てんせいれい》という新たな比較材料の発見によって、個別的な比較研究が一段と精力的に進められている令とは異なり、律のそれは消極的である。その最たる原因は、日本律が早くに散逸してしまっているという史料的制約にある。

そこで、日本律と唐律それぞれに規定された量刑内容を比較することによって、微力ながら日本律の特徴を分析することが本稿の目的である。[1] 史料的制約により、唐律の内、日本律と比較できる量は全体の六割ほどだが、量刑の指標となる五刑《ごけい》（死《し》・流《る》・徒《づ》・杖《じょう》・笞《ち》）の抽出率は唐律全体とほぼ同じであることから、日本律と量刑の違いを考えるに一定の材料となり得ると判断した。

従来、日本律の量刑の特徴として挙げられてきたのは、唐律を軽減したという説である。この理解に対して、石尾芳久《いしおよしひさ》氏は唐律を大幅に軽減した条文を取り上げ、その変化の背景を考察した。[2] その研究は、日本律が唐律を軽くした理由を、日本国民の「慈心」に求めた通説とは異なり、当時の犯罪観にあることを指摘した点で意義深い。また、律の比較研究を体系的に推し進めたのが水本浩典《みずもとひろのり》氏の研究である。水本氏は、名例律《みょうれいりつ》以外の律の各編目について日唐比較を行い、その編目ごとの変化を分析した。[3]

両氏の研究は量刑変化の中でも、特に五刑間で変化するものに注目している。その理由として石尾氏は、同一犯罪に異種の刑罰を科すことには「特別の配慮を認めざるを得ない」として、その変化の大きさを主張する。一方水本氏は、五刑を基準とした律令裁判の審級に関わる問題として、上記の変化に着目している。律令では、京は「在京諸司《ざいきょうしょし》（笞・杖）―刑部省《ぎょうぶしょう》（徒）―太政官《だいじょうかん》（流・死）」、諸国は「郡司《ぐんじ》（笞）―国司《こくし》（杖・徒）―太政官（流・死）」という系統に従い、それぞれ五刑を執行すると規定されている。[4] そして賊盗律《ぞくとうりつ》で死・流刑が徒刑へ、職制律《しきせいりつ》で徒刑が杖刑へ軽減されている例が多いことから、日本律はより下級の官司で処理を完結させ、裁判を簡略化するために、量刑を変更させたと結論づけている。

確かに、五刑間の量刑変化が重要であることは言うまでも無い。しかし、日唐間の変化は五刑の変化にのみ留まるものではない。そこで以下、日本律の量刑が唐律からどのように変化したのか、その全体像を概観してみたい。

二　日本律の編纂基準

表1は、衛禁律《えごんりつ》以下、各犯罪に対する刑罰を規定した条文に見える五刑について、唐と日本の違いをまとめたものである。これを見ると、まずは唐律を変えずにそのまま継受しているものが、およそ半分を占めることが分かる。さらに注目すべきが異種刑間で変化があるものの割合である。死（絞《こう》）・流は高い傾向である一方、徒・杖・笞ではそれほど高くなく、五刑全体においても二一パーセントを占めるに過ぎない。唐律と変化がないものが半数を占めることと併せて考えると、犯罪処理の簡略化のために律を軽減した例は非常に限定的なものと言える。

むしろ重要なのは、徒・杖について同種刑間での変化が大きい点である。名例律一～五条の規定によると五刑の内、笞・杖・徒はそれぞれ五等級に分けられている（表2参照）。すなわち徒・杖刑については、唐から継受した際、この五等級間で変化させたものが多いのである。これは日本の律の編纂者が、刑の種類として、五刑という五種類の刑のみならず、名

表１　日唐間の五刑の変動

	合計	変化無し	割合	同種刑で変化	割合	異種刑で変化	割合
死(斬)	24	22	92%	2	8%	0	0%
死(絞)	42	23	55%	0	0%	19	**45%**
流	54	24	44%	11	20%	19	**35%**
徒	165	69	42%	60	**36%**	36	22%
杖	120	53	44%	40	**33%**	26	22%
笞	85	51	60%	33	39%	1	1%
合計	490	242	49%	146	30%	101	21%

表２　五刑の等級

<table>
<tr><th>五刑</th><th>等級</th><th>五刑</th><th>等級</th></tr>
<tr><td rowspan="5">笞</td><td>10 回</td><td rowspan="5">徒</td><td>1 年</td></tr>
<tr><td>20 回</td><td>1 年半</td></tr>
<tr><td>30 回</td><td>2 年</td></tr>
<tr><td>40 回</td><td>2 年半</td></tr>
<tr><td>50 回</td><td>3 年</td></tr>
<tr><td rowspan="5">杖</td><td>60 回</td><td rowspan="3">流</td><td>近（2000 里）</td></tr>
<tr><td>70 回</td><td>中（2500 里）</td></tr>
<tr><td>80 回</td><td>遠（3000 里）</td></tr>
<tr><td>90 回</td><td rowspan="2">死</td><td>絞</td></tr>
<tr><td>100 回</td><td>斬</td></tr>
</table>

例律のいう等級があると理解していたことを意味する。

この等級に対する理解力を踏まえて考えると、前述した死（絞）・流に異種刑間の変化が多い理由が推察できる。というのも、死・流はそれぞれ二・三種類あるが、これらは刑罰の等級としては数えないと、名例律五六条で規定されている。例えば、徒一年と徒二年の変化は二等級の違いとみなされるが、遠流から徒三年は三等級ではなく、一等級の違いとなり、同様に死（絞）から徒三年は二等級の違いとなる。実際に、上記の原則を踏まえて刑罰設定を行っていた例が、『続日本紀《しょくにほんぎ》』宝亀《ほうき》十一年（七八〇）十一月壬戌《じんじゅつ》（二日）条である。本条では私鋳銭《しちゅうせん》を行う者へ科す刑罰として、主犯者が遠流《おんる》であるから、「従者減㆓首一等㆒、処㆓徒三年㆒、家口減㆓一等㆒、処㆓徒二年半㆒。」（従犯者は主犯者より一等級減らして、徒三年として、親属はまた一等級減らして、徒二年半とする。）としている。この設定内容を見ると五刑に等級があると理解していることが分かる。さらに、その設定理由として名例律五六条を引用したほか、遠流を「一等減」じて徒三年にしていることから、上記の規定を把握して実際に適用していたことは明らかである。ほかにも、「死一等」を減じて「流」を科す例が多数、史料上で確認できることから、名例律五六条の原則は刑の設定場面において、広く意識されていたと言える。そして、日唐律の変化の八割が一等級もしくは二等級の減刑である。この日本律の編纂方針からすると、死・流から徒への等級変化は必然的に多くなる傾向にあったのだろう。水本氏の言う、賊盗律に見える死・流刑から徒刑への変化もその流れに沿うものである。

対して、徒・杖・笞は各五等級に分けられており、なおかつ、五等級以上の大幅な変化を加えず唐律を継受したため、徒・杖・笞は、死・流と異なり、同種刑内での変化が多いという様相を呈したものと思われる。水本氏が指摘した、職制律で徒刑が杖刑へ軽減される例の多くは、徒一年から杖一百という一等級の変化であり、異種刑間の変化とはいえど、その変化の幅は他の条文と極端に異なるものではない。

以上のことから、日本律の編纂時に刑を変更する場合、特に意識されたのは、五刑の等級に手を加えることであり、その幅の多くが一もしくは二等級の減刑であったと言える。この基準に基づく編纂作業の中で、一部の死・流が徒へ、もしくは徒が杖へといった異種刑間の変化が起こったのである。より下級官司で処理を完結させるという断罪手続き上の変化は、その編纂過程の目的というより、むしろそこから生じた副産物と捉えるべきと考える。

三　古代日本の刑罰観―杖笞刑・斬刑―

ここでは、前述した方針に沿って編纂された日本律が、犯罪処理のあり方に変化をもたらしただけでなく、当時の刑罰の運用に一定の影響を及ぼしたという点について言及しておきたい。

まず一つ指摘するべきは、杖・笞刑の運用場面の増加である。

　前述の修正を経て、唐律と比べて日本律では、杖・笞刑が増えていることが表3から分かる。こうした杖・笞の執行場面の増加は、律のみならず令にも見える。例えば儀制令《ぎせいりょう》二三内外官人条では、官司内部で違反があった場合、長官が下位の官人に笞を科すことを、同二四帳内《ちょうない》資人《しじん》条では、帳内・資人（親王や貴族付きの従者）に対してその本主が杖・笞を施すことを認めている。また獄令六三杖笞条は杖・笞それぞれに用いる刑具の規格を規定する際、唐と異なり、罪人への訊問に用いる杖（むち）と、杖刑の杖の規格を同じとしている。これらは日常的な制裁もしくは威嚇として杖や笞が用いられることを想定している。新たに禁令を出す際、違反者に対してまず杖を科す事例が散見されるのも、こうした制裁措置としての杖の性格を期待したことによるものと考えられる。そうした刑罰観が生まれた要因の一つは、日本律で杖・笞刑の運用度合いが上昇し、刑罰の主体となったことであったと推測される。

　また、もう一つ日本律の編纂方針に特徴的なのが、死（斬《ざん》）にほとんど変動がないことである（表1・表3参照）。死（斬）が減刑されているのはわずか一例で、また死（絞）への変化のみである。これは死（絞）のおよそ半分が流や徒に変化したのと正反対である。死（斬）が適用されるのは、謀反《むほん》や大逆《たいぎゃく》など、いわゆる八虐《はちぎゃく》という重犯罪に含まれるもののほか殺人、特に近親者や本属の官司など関係の深い人物に対する殺害案件がある。こうした八虐や謀殺《ぼうさつ》・故殺《こさつ》といった犯罪は、罪を免除する赦《しゃ》においても、免除の対象外となるケースがあるなど、その重

表3　五刑の分布

	斬	絞	流	徒	杖	笞	合計
唐	5%	9%	11%	34%	24%	17%	100%
日本	5%	5%	10%	32%	26%	22%	100%

さは際立っている。また斬刑は、しばしば頻発する国家への反逆事件の折に、首謀者やそれに類する者に施されるほか、私鋳銭という、こちらも同様に赦の免除対象外となる犯罪を企てた者にも適用されている。国家にとっての重犯罪に科す刑罰としての斬刑は、不安定な国家情勢を加味して、律の編纂段階から意識されて制定及び運用が図られたと言えるだろう。

四　おわりに

以上、唐律と日本律の比較から、日本律の編纂姿勢、またそこに盛り込まれた刑罰観を考察してきた。これらのことから、唐律の一部に手を加え編まれた日本律は、その後の刑罰運用に一定の方向性を与えたものであったと評価することができる。

しかし、古代日本の律編者が等級に従って唐律に変更を加えた、その直接的な理由が不明であるなど、日本律にはまだ未解明な点が多い。等級変化の幅はおおよそ一～五等級に収まるのだが、その施し方は律の各編目によって異なるほか、個々の条文内でも一律ではない。そのため、今後の律の比較研究上の課題としては、五刑にとらわれない、個別具体的な検討が重要となるが、その問題については次稿で検討を試みたい。

註

（1）律の底本は、律令研究会編『訳註日本律令　律本文篇』（東京堂出版、一九七五年）を使用した。底本では唐律は開元《かいげん》二十五年律、日本律は養老《ようろう》律だが、それぞれ永徽《えいき》律・大宝《たいほう》律と大きな異同はないとする、従来の見解にならい両者を比較材料とした。

（2）石尾芳久「日唐律の比較研究」（『日本古代法の研究』第五、法律文化社、一九五九年）

（3）水本浩典「日本律の特色について―日唐律の量刑比較を中心として―」（『律令註釈書の系統的研究』塙書房、一九九一年、初出一九七七年）

（4）獄令一犯罪条、二郡決条

参考文献

石井良助『日本法制史概要』第二篇第八章　司法制度（創文社、一九五二年）

石尾芳久「日唐律の比較研究」（『日本古代法の研究』第五、法律文化社、一九五九年、初出一九五八年）

大隅清陽「儀制令における令と法―律令法系の構造的特質をめぐって―」（『律令官制と礼秩序の研究』吉川弘文館、二〇一一年、初出一九八三年）

川村康「唐五代杖殺考」（『東洋文化研究所紀要』一一七、一九九二年）

坂上康俊「古代の法と慣習」（『岩波講座　日本通史』第三巻、岩波書店、一九九四年）

佐竹昭「恩赦制度受容期の諸様相」（『古代王権と恩赦』第二部、雄山閣、一九九八年、初出一九七九年）
高塩博「日本律編纂考序説」（『日本律の基礎的研究』汲古書院、一九八七年、初出一九八一年）
冨谷至「笞杖の変遷―漢の督笞から唐の笞杖刑」（『東方学報』京都八五、二〇一〇年）
虎尾達哉「日本律における科刑の軽減をめぐって」（『地域政策科学研究』五、二〇〇八年）
水本浩典「日本律の特色について―日唐律の量刑比較を中心として―」（『律令註釈書の系統的研究』塙書房、一九九一年、初出一九七七年）
律令研究会編『訳註日本律令』二、律本文篇、上巻、東京堂出版、一九七五年
律令研究会編『訳註日本律令』三、律本文篇、下巻、東京堂出版、一九七五年

Ⅱ　こだわりの史実

10　天皇の忠義
——新田義貞「北陸朝廷」の真相——

海津一朗

一　簒奪者義貞

湊川合戦後の一三三六年（建武三年十月十日）、新田義貞は比叡山の後醍醐《ごだいご》天皇を包囲して、東宮恒良《とうぐうつねよし》（母阿野廉子）へ譲位させて、三種の神器ともども北陸に連れ去っていった。『太平記』諸本によれば義貞軍は七千余騎、足利に降伏した先帝後醍醐は七百余騎という。後醍醐はただの「腰輿」、大軍に囲堯された恒良は「龍駕」に乗っている。義貞の侍大将堀口貞満が手をかけて怒鳴りつけた、あの後醍醐の鳳輦《ほうれん》輿には恒良が乗っていたのだ（補注）。この時、義貞と洞院実世《とういんさねよ》・一条行房の間で、一種の簒奪《さんだつ》、軍事クーデターが行われたであろうことを、拙著『楠木正成と悪党』（ちくま新書、一九九九・初出一九八六）で指摘した。その後の義貞の行動（後醍醐らの上洛要請を無視して北畠顕家を犬死させた等）や、越前金ケ崎《かねがさき》城を「北陸朝廷」行宮《あんぐう》とする田中義成以来の研究史を踏まえるなら、当然の結論と思えた。「これまで利用されるに任せていた純朴な東国武士が、現実の政治にもまれるなかで、ようやく精神的な自立を遂げつつある姿が読みとれるであろう」（一〇九頁）。義貞の人生における一大転機、後醍醐王権との対決である。

ところが私の見解はほとんど顧みられることがなかった。近年、人物史研究の流行によって、新田氏論・義貞論が多数書き下ろされた。それなりに力作ではあるが、義貞論の胆と思う山門還幸事件の意義については、ごくごくあっさりと流して、私の理解を極端な奇説と断じているものもある。これなら、以前の森茂暁の南朝研究（皇太子を「取奉り」北陸朝廷を作ったと事実認定）のほうが、はるかに良質の理解である（恒良綸旨《りんじ》や白鹿年号太平記の写真掲載）。とくに再論する必要も感じなかったのでそのままにしたが、個人的には現代の研究者に対しても皇国史観の鋳型・呪縛がいかに強いものであるか、はからずも証明したように感じていた。

二　尊氏同然

勤務先に中世国文学の大橋直義が赴任して卓抜した組織力を発揮してくれたおかげで、この間全国のこの分野の若手と交流が深まった。恒良論を書いていると披露するや、多くの助言が舞い込んだ。特に安松拓真から分厚い諸本校合データが送られてきた。近世の講釈書・太平記

恒良一行が潜んだという甲楽城港・二ノ宮神社の洞穴

理尽抄まで分析してくれるという念の入れようだった。理尽抄の義貞評を見るのは初めてではないが、山門還幸事件の該当箇所は驚くべき内容だった。私とまったく同様に、義貞を簒奪者「尊氏同然の逆賊」として「異国本朝」例なき「不忠」「大罪」と断じて四ケ条に亘って罪状を弾劾しているのだ（国文学研究資料館データベース七四〇～七四五コマ）。虚心に史料に沈潜すれば、当然この解釈になるという、私の考え通りの指摘だった（純粋に皇国史観の分、私と正反対に厳しい国賊扱いとなるわけだが）。覚醒した義貞であるが、残念ながら、史実の示した通り、「時代はすでに天皇の権威とは別のところで動いて」いた（海津著一一〇頁）。天皇在陣を誇示した全うな綸旨を発給するも軍勢・物資ともに集まらず、宮中は人倫《じんりん》相食《あいは》むという飢餓の地獄絵を迎え、一三三七年（建武四年三月六日）北陸朝廷の本拠は落城。新田義《よし》顕《あき》と一宮尊良《たかよし》は戦死（自害）、天皇恒良は杣山の義貞と合流すべく気比《けひ》社家海賊勢力の手引きで果敢に脱出を試みて武生国府付近の海岸まで逃げ延びたが、ついに逮捕されて京都に護送された（写真参照）。三種の神器も接収されたに違いない。こうして、即位からわずか約半年、義貞の北陸朝廷はまことにあっけなく瓦解した。失意の義貞は吉野南朝に服した模様であるが、その敗死の後も、北陸には「白鹿年号」を用いた独自の朝廷勢力が根を張っていたことは、田中義成以来の指摘がある。

三　新帝毒殺

簒奪者義貞の顛末《てんまつ》と波紋は以上のとおりである。では、歴史に埋もれて顧みられることのない天皇恒良とはどんな人だったのか。金ヶ崎落城から新田義貞滅亡まで約一年四か月のタイムラグのため、意外に恒良の末路を知らない人も多いのではないか。佐藤和彦が切々と記したため、後醍醐の元愛人・勾当内侍《こうとうのないし》（一条行房一族）が義貞の後を追って自殺した話はよく知られていよう。実は新帝恒良もまた義貞に殉じた王族なのである。

足利の軍門に下った新帝は当時十五歳だった。厳しい拷問に対して恒良は「義貞は城内で戦死して火葬にした」と虚偽の証言を貫き通して、その時間稼ぎが義貞の再起を可能にした、と『太平記』は記す。それが露見したとき、足利兄弟の逆鱗にふれて、鴆毒《ちんどく》（砒素）で毒殺される。『太平記』は、恒良の最後を、次のように描いている。同母の兄弟将軍宮成良《なるよし》と二人幽閉されている折、粟飯原《あいはら》が慰みの「新薬」を提供する。毒と見抜いて捨てようとする兄将軍宮を制した恒良は、「それ人間の習い、一日一夜をふる間に八億四千の念ありといへり」と語り、自らの心変わりの危険を感じて、命を捨てようと決意して、自ら毒を飲む。兄もそれにしたがい、一三三七年（延元二年四月十三日）にまず新帝死去、成良はその二十日後に死んだという。成良の毒殺は史実ではないので、兄弟二人して旅立つという、『太平記』の好きな殉死デフォルメに他なるまい（楠木正成《まさしげ》と正季《まさすえ》兄弟、同正行《まさつら》と正時兄弟）。後醍醐愛妻の新待賢門院（阿野廉子）の嫡男にして天皇でありながら、恒良の没日は『太平記』以外で確認できず、墓も不明である。六月十九日に光明《こうみょう》天皇が践祚《せんそ》して北朝が成立。『太平記』にとって大切だったのは、この時間関係に相違ない。恒良はあくまで在位で自殺、廃帝ではなかったのだ。そして、「心あるも心なきも、これをききおよぶひと事に悲しまずと言うことなし」、とむすんでいる。十五歳の生涯だった。いま恒良を祭神とする金崎宮では十月二十日に舟遊び管弦会を再現して、遊女「島《しま》寺《でら》の袖《そで》」の舞により北陸朝廷の姿を記憶に止めんとしている（末尾写真）。

　中世国文学領域では常識に属するらしいが、金ケ崎落城は、太平記・梅松論問わずに南北朝時代の終焉を意味する同時代の時間認識があるといわれる。（小秋元段説など）。義貞や義助の戦死は節目ではない。一八巻の「金ケ崎落城」を経て、一九巻の「光厳重祚《ちょうそ》」「両将軍始」という北朝権力の確立に帰結するという。その理由を正面から問うた仕事を知らないが、おそらく私の注目した「新帝の死」が「光厳重祚」「両将軍始」の次に配置されていることは、新田義貞クーデターとその悲劇的な顛末こそ、日本の歴史意識と時代区分に大きな波紋を広げたこ

金崎宮の船上管弦祭（2016年10月20日）

とを示すだろう。太平記の欠巻二二巻の内容は「義助北陸没落」である。もしこれが削除されていなければ、北陸王朝にまつわる南北朝内乱の真相（おそらく三種の神器問題だと「予言」しておこう）に迫ることができたはずである。

明王聖主への待望が日増しに強まってくる現在、私の好きな義貞に「殉死してくれた天皇」を紹介しておきたい、という程度の寄稿立候補だった。だが、国文分野からの助成によって、期せずして「南北朝時代」の真相に迫る深い水脈を探り当てることになったらしい。幸運ここに極まれりか。

（補註）　義貞の分身として後醍醐天皇の身柄を拿捕・怒鳴りつけた武将として堀口貞満がある。だが、その父貞義（越前守護・美濃守）は義貞に同行せず、江田行義・大館氏明ら後醍醐天皇派の一族に追従して、北畠顕家の上洛軍に合流した（戦死と推定）。峰岸純夫は、貞義への共感たちがたく「北陸越えで義貞とはぐれて美濃に潜んでいた」と解釈しているが、クーデター説を前提とすれば、後醍醐に丸め込まれて義貞より離反したのであろう。

参考文献

小秋元段「『梅松論』の構成と『太平記』」（『中世文学』三九、一九九四年）
海津一朗『楠木正成と悪党』ちくま新書、一九九九年
佐藤和彦『日本の歴史11　南北朝内乱』小学館、一九七四年
峰岸純夫『新田義貞（人物叢書）』吉川弘文館、二〇〇五年
山本隆志『新田義貞（日本評伝選）』ミネルヴァ書房、二〇〇五年
森茂暁『皇子たちの南北朝内乱』中公新書、一九八八年
森茂暁『太平記の群像』角川書店、一九九一年
『参考太平記』（一・二）国書刊行会、一九一四年

11　佐竹義重《さたけよししげ》の渾名《あだな》についての小考

千葉　篤志

一　佐竹義重の渾名

佐竹義重《さたけよししげ》は、常陸《ひたち》佐竹氏の当主で、戦国時代に小田原北条氏や伊達氏に対抗して、北関東から東北南部に勢力を持った武将として知られている。常陸佐竹氏は、平安時代後期の武将源義光《みなもとのよしみつ》（頼義《よりよし》の三男）を始祖として、常陸国太田城（茨城県常陸太田市）を本拠地とする戦国大名である。義重の曾祖父義舜《よしきよ》の代に、有力一族の山入氏を倒して一族間の抗争を終結させ、次の義篤《よしあつ》・義昭《よしあき》の代には、常陸国北部・中部、陸奥国高野郡《むつのくにたかのぐん》（福島県東白川郡を中心とする地域）まで領域を拡大、隣国の下野国《しもつけのくに》には、宇都宮《うつのみや》氏と姻戚関係を結んだことから、その支援のため頻繁に出兵するなど、領国周辺に軍事的な影響力を及《およ》ぼしていた。

義重は、天文《てんぶん》十六年（一五四七）二月十六日に義昭の嫡男として生まれ、母は陸奥国岩城郡《いわきぐん》大館《おおだて》城主（福島県いわき市）岩城重隆《しげたか》の娘である。永禄五年（一五六二）頃に義昭から家督を譲られ、永禄八年十一月の義昭の死去以降は、実質的に当主として活動する。義重は、関東では越後《えちご》の上杉謙信《うえすぎけんしん》や甲斐《かい》の武田信玄《たけだしんげん》・勝頼《かつより》と手を組んで、小田原北条氏や那須氏・小田氏と対抗、特に謙信没後は小田原北条氏に対抗する常陸・下野の領主達の中心勢力となった。東北では縁戚である岩城氏、陸奥国石川郡の石川氏と友好関係を結び、白河結城《ゆうき》氏・蘆名《あしな》氏・田村氏・伊達氏と対抗した。後に那須氏・白河結城氏・蘆名氏とは姻戚関係を結んで手を組み、さらに織田政権や豊臣政権とも連絡を取り合っていた。天正十七年（一五八九）頃に嫡男の義宣《よしのぶ》に家督を譲るも、完全に政務から引退せず、義宣が水戸に移動してからも常陸太田にあって「北城様」と呼ばれた。慶長七年（一六〇二）に佐竹氏が秋田へ転封になった後は、出羽国仙北郡六《でわのくにせんぼくぐんろく》郷《ごう》（秋田県仙北郡美郷《みさと》町）へ移り、慶長十七年四月十九日に六十六歳で死去した。

このような戦国武将の一人である義重には、その武勇を讃えて「鬼義重」「坂東《ばんどう》太郎」という渾名《あだな》が付けられている。このうち、「坂東太郎」については、明治二十年（一八八七）頃に、侯爵の佐竹義生が所蔵する中世から近世前期の佐竹氏とその周辺に関する系図・古文書・記録類を筆写して九冊にまとめた『佐竹家旧記《さたけけきゅうき》』の内、第二冊目にある「古先御戦聞書《こせんおんいくさききがき》」という江戸時代以降の作成と考えられる覚書《おぼえがき》に見える。それによると、元亀二年（一五七一）八月二十七日から九月三日に常陸国岩井《いわい》郷（茨城県坂東《ばんどう》市）で、北条氏政《ほうじょううじまさ》と佐竹義重が戦った時に、義重が自分の軍勢に先駆けて敵の軍勢に騎馬で進撃して、敵兵七人を切り捨てた様子を見て、敵も味方も「天魔鬼神の業《わざ》である」と言い、それから義重は「坂東太郎」と呼ばれ、関八州にその名を広めたという。

二　元亀三年の「東方之衆」の下野出兵

この元亀二年八月末から九月初頭に常陸国岩井郷で勃発した佐竹氏と北条氏の合戦であるが、これに関する当時の古文書や記録類は、現時点では不明である。『佐竹家旧記』の内、第六冊に収録されている「東州雑記《とうしゅうざっき》」（江戸時代以降に作成されたと考えられる覚書）には、元亀二年八月に義重が土浦《つちうら》（茨城県土浦市）で合戦を行なったという記述があり、『北条五代記』（寛永十八年成立といわれる北条氏に関する軍記物）には、元亀二年に義重と氏政が岩井で対陣した時に、岩井の郷民が北条氏に協力した話がある。江戸時代に秋田藩で編纂された公式記録である『佐竹家譜《かふ》』では、これらの記述について、「東州雑記」は古い書物で前後の文言が混雑しているため、辻褄《つじつま》が合っていない部分が多いが、佐竹家の古い記録で、古文書や他の書物とも符合する部分が多いので、編者の考えを加えて載せると注記されている。

合戦が起きたとされる元亀二年八月末から九月初頭前後の佐竹氏と北条氏の政治状況について見ると、佐竹氏は、前年から白河結城氏や蘆名氏に攻撃されている石川氏を支援するために、高野郡や石川郡に出兵しており、元亀二年七月から八月にかけては、蘆名氏・田村氏の連合軍と寺山《てらやま》（福島県東白川郡棚倉《たなぐら》町）や羽黒《はぐろ》（福島県東白川郡塙《はなわ》町）方面で戦い、佐竹氏は連合軍に敗北、十一月頃には、那須氏と戦っている。一方、北条氏は、永禄十二年（一五六九）閏五月に越後の上杉謙信との間で締結された越相同盟《えっそうどうめい》以降、甲斐の武田信玄と駿河《するが》・伊豆《いず》・武蔵《むさし》方面で抗争を繰り返しており、元亀二年正月には北条方の最前線である駿河国深沢《ふかさわ》城（静岡県御殿場《ごてんば》市）が武田氏によって攻略されている。これらの状況から見ると、元亀二年八月末から九月初頭時点で、義重と氏政が岩井で戦ったかどうかは不明と言える。

ここで注目したいのは、天正元年（一五七三）と比定される三月五日付の遊足庵《ゆうそくあん》に宛てた上杉謙信の書状である。この書状は、蘆名氏と関係の深い僧侶と考えられる遊足庵に宛てた長文の書状で、その中に、元亀三年十二月二十九日の夜中に、下野国多功原《たこうばら》（栃木県河内《かわち》郡上三川《かみのかわ》町）で北条氏政が佐竹氏と宇都宮氏を始めとする常陸・下野の諸領主（「東方之衆《とうほうのしゅう》」）の連合軍に敗北して、岩付《いわつき》（埼玉県さいたま市）まで一騎で逃げたという情報が謙信に伝わり、それに対して謙信は、このように「東方之衆」にさえ負ける氏政が、自分が関東へ出陣してきた時に合戦するのはおかしな話であると述べている部分がある。

この書状が出される前の政治状況を見ると、元亀二年末に越相同盟が崩壊したことにより、関東では上杉謙信と北条氏の抗争が再開、この影響を受けて元亀三年正月十四日に、宇都宮氏重臣で親上杉氏であった岡本宗慶《おかもとそうけい》が、宇都宮氏に従属する領主で親北条氏であった下野国皆川《みながわ》城主（栃木県栃木市）の皆川俊宗《としむね》に殺害され、翌日には俊宗が宇都宮城を占拠するという事件が勃発した。これによって、宇都宮氏家中を掌握して専横を行なう皆川氏に対して、当主である宇都宮広綱は、佐竹氏を始めとする北関東の諸領主に支援を要請、これを受けた義重を始めとする「東方之衆」が元亀三年十二月二十六日に下野国に出兵して、二十九日に皆川氏の支援のために出兵した氏政と多功原で合戦となる。

おそらく、謙信の書状の中にある「氏政が『東方之衆』に敗北して一騎で岩付へ逃げた」という部分が変化して伝わり、「古先御戦聞書」にある義重が敵兵七人を切り捨てる話に繫がったのではないだろうか。

三　「鬼義重」について

一方、「鬼義重」については、当時の史料は勿論のこと、江戸時代の軍記物や記録類でも確認できず、もしかしたら、近年になって義重の武勇を讃えた結果として出来た造語かもしれない。あるいは、先程挙げた「古先御戦聞書」の中の「天魔鬼神のような業」の部分が転じて、「鬼義重」という呼称が作られたのかもしれないが、いづれにせよ、どの時点から史料上に現われたかは、現時点では不明である。

ところで、義重以外にも、その武勇を讃える意味で「鬼」の渾名を付けられた戦国武将は多い。以下に事例を挙げる。

鬼武蔵（森長可《ながよし》、新納《にいろ》忠元《ただもと》）　鬼日向《ひゅうが》（水野勝成《かつなり》）　鬼美濃《みの》（原虎胤《とらたね》）
鬼島津（島津義弘《よしひろ》）　鬼柴田（柴田勝家）　鬼玄蕃《げんば》（佐久間盛政《もりまさ》）　鬼五郎左《ごろうざ》（丹羽《にわ》長秀《ながひで》）
鬼道雪《どうせつ》（立花道雪）　鬼小島（小島弥太郎）　鬼作左《さくざ》（本多重次《しげつぐ》）　鬼十河《そごう》（十河一存《かずまさ》）
鬼若子《わこ》（長宗我部《ちょうそかべ》元親《もとちか》）　鬼真壁《まかべ》（真壁久幹《ひさもと》）　鬼将軍（加藤清正）　鬼九郎（戸沢《とざわ》盛安《もりやす》）
井伊の赤鬼（井伊直政）　丹波の赤鬼（赤井直正《なおまさ》）　丹波の青鬼（籾井《もみい》教業《のりなり》）

右に挙げたのは事例の一部であるが、他にも伊達政宗の母の義姫《よしひめ》は、その激しい気性から「鬼姫」という渾名が付けられている。「鬼」の字は、本来は死者の魂を意味していたが、仏教や陰陽道《おんみょうどう》の影響で、頭に角があり、肌の色は赤・青・黒などで、眼・鼻・口が異様に大きく、口から鋭い牙を生やして、裸体で腰に虎皮の褌《ふんどし》をつけ、荒々しい性格を持つ、人の姿に似た想像上の怪物を指すようになった。小学館刊行の『日本国語大辞典』には、想像上の怪物の意味の外に、「名詞の上に付いて勇猛・無慈悲・異形・巨大などの意味を表す」という接頭語としての語意を紹介しているが、これは前者の意味が転じて成立した語意と考えられ、現在でも、若者言葉で「オニカッコいい」、「オニヤバい」など、普段の状態を超越していると認識された物事を指す時の接頭語として使われている。

「鬼義重」の用例は、後者の語意に当たるが、その背景には、軍記物や軍学の隆盛、あるいは各藩の藩史編纂事業などに代表される、江戸時代における戦国時代の顕彰が挙げられるであろう。義重は、秋田藩の初代藩主である義宣の父であり、いわば戦国時代を生きた「藩祖の父」で、秋田藩の前提を築いた存在と言える。佐竹氏は、関ヶ原の合戦において、西軍に属した上杉景勝と手を組んでいたため、石高を減らされて秋田へ転封された歴史を持っており、そのことから推測すると、「鬼義重」の呼称には、単なる武将の勇猛さだけではなく、秋田へ転封される以前の、佐竹氏の栄光の歴史をも象徴しているのではないだろうか。

もちろん、元亀二年八月末から九月初頭の合戦の存在、「鬼義重」の使用状況など、現時点で不明な部分が多く、今後の新史料発掘や研究の進展に期待するところは、甚だ大であるが、このような渾名の背景にある史実や思想を考えるのは重要であろう。

参考文献

『佐竹家旧記』（東京大学史料編纂所所蔵）
『栃木県史』史料編・中世三（栃木県、一九七八年）
『牛久市史料』中世Ⅰ・古文書編（牛久市、二〇〇二年）

荒川善夫『戦国期北関東の地域権力』（岩田書院、一九九七年）
黒田基樹『戦国関東の覇権戦争～北条氏ＶＳ関東管領・上杉氏55年の戦い～』（歴史新書ｙ０１７、洋泉社、二〇一一年）
江田郁夫『戦国大名宇都宮氏と家中』（地域の中世14、岩田書院、二〇一四年）

12　江戸時代の大嘗祭《だいじょうさい》復興の決め手は裏帳簿

久水　俊和

生前退位が取りざたされる昨今、一口に新天皇の即位儀礼と言っても、大きく三つの儀式に大別できる。まずは、三種の神器の内の天叢雲剣《あめのむらくものつるぎ》と八尺瓊勾玉《やさかにのまがたま》の承継（剣璽渡御之儀《けんじとぎょのぎ》）をもって天皇位の継承を行う「践祚《せんそ》」、次に、黄櫨染《こうろぜん》という天皇のみが着すことができる装束を着し、高御座《たかみくら》に座し、百官万民に天皇位の継承を宣告する「即位礼《そくいのれい》」、そして、即位後初の新嘗祭《にいなめさい》（現在は勤労感謝の日として国民の休日）にて初物《はつもの》の穀物を祖神へ捧《ささ》げ天皇位の継承を奉告する「大嘗祭《だいじょうさい》」の三つである。今上《きんじょう》天皇においても、平成元年（一九八九）一月七日に昭和天皇の崩《ほう》御《ぎょ》に伴いすみやかに践祚を行い、翌二年十一月十二日に即位礼が挙行され、同月二十二日から二十三日かけて大嘗祭が行われた。おそらく次の皇位継承時にも、この三儀礼は行われるであろう。ところが、三点セットともいえる即位儀礼の内、大嘗祭に関しては、京都が焼け野原となった応仁《おうにん》・文明《ぶんめい》の乱後の厳しい経済状況により、室町後期の後柏原《ごかしわばら》天皇から江戸時代の霊元《れいげん》天皇の九代にわたる約二四〇年間も、中断されていた時期があった。経済が安定した江戸幕府成立後においても、朝廷の大礼の出資者である幕府は、朝廷の新規巨額予算の計上は嫌だったらしく、大嘗祭再興の気運が高まると、「米一粒たりといえども大嘗祭の費用は請求しません」と、朝廷に誓わせるほどの徹底ぶりであった。そんな状況下、朝廷側のアイデアによって、貞享《じょうきょう》四年（一六八七）の東山《ひがしやま》天皇即位時に、ようやく大嘗祭が復活したのである。

皇居内にある皇室関係の資料の管理・編集・研究を行う宮内庁《くないちょう》書陵部《しょりょうぶ》には、皇位継承儀礼関連の未刊史料が数多く残存する。その中に、東山天皇の皇位継承費用に関する額だけが違う『貞享四年御譲位《ごじょうい》御即位《ごそくい》以下《いか》御下行帳《ごげぎょうちょう》』という同名の二冊の帳簿が存在する（後掲表）。実は、この奇妙な二冊の同名帳簿こそ、大嘗祭復活の立役者なのである。

巨額な出費を渋る江戸幕府であったが、先例には忠実であった。践祚や即位礼などのこれまで継続されてきた皇位継承儀礼費用は、しっかりと支出していた。そこで、朝廷側は二冊の帳簿を使って以下の作戦を考えるのである。

Ⅰ．前回の霊元天皇即位時の帳簿に基づき皇位継承関連の費用七二〇二石六升の帳簿（以下、「A帳簿」）を作成し、幕府に請求し、七二〇二石六升を受給

Ⅱ．同時に「A帳簿」から減額した四五七三石一斗六升のもう一つの帳簿（以下、「B帳簿」）を作成

Ⅲ．「B帳簿」に基づき践祚や即位礼などの参勤手当や経費を配分

Ⅳ．「A帳簿」から「B帳簿」を差し引いた額をプールし、大嘗会費用へ流用

つまり、幕府には大嘗祭費を計上していない、寛文三年（一六六三年）の霊元天皇即位時の同内容・同金額の践祚・即位費用に、皇太子の元服費用や固関《こかん》（大礼時に諸国の関所を警固させる儀式）、伊勢神宮への奉幣（天皇の即位を神宮へ奉告するとともに幣帛《へいはく》を捧げる）といった即位関連儀礼を合算した「A帳簿」を提出し、幕府から皇位継承関連費用を一括に引き出した。そして、幕府に提出した〝表帳簿〟である「A帳簿」によって獲得した七二〇二石六升を帳簿通り各部署に配分したりはせず、「A帳簿」の項目ごとに減額された、いわゆる〝裏帳簿〟＝「B帳簿」を作成し、それに基づき各部署に配分した。七二〇二石六升獲得したのに四五七三石一斗六升しか給付しなかったので、当然二六〇〇石ほど余ることになる。この余ったというか無理矢理に余らせた費用を大嘗祭費用に流用したのである。

　しかし、そのためにはそれ相応の〝事業仕分け〟が必要である。そこで、今まで適正な予算を計上していたかの徹底した皇位継承関連費用の精査が行われた。儀礼の費用は、大きく二つ

に分けられる。一つは公家たちの参勤の対価として支払われる費用、いわば労働賃金であり、もう一つは儀礼に用いる建物や調度品を獲得するために使われる必要経費である。大きく削られたのは、前者であった。後者の必要経費は、中古品や材料の質を落とせばある程度の減額は可能だが、天皇家の祖を祀る伊勢神宮へ粗末な物を奉納し、古ぼけた高御座で即位を宣告することなどできるはずもなく、当然ある程度の額は算出しなければならない。一方、勤労に対する対価は、極論を言えばただ働きでも儀礼の挙行は可能なのである。では、官人達に低賃金で労働を強いるブラック企業ならぬ〝ブラック朝廷〟であったのだろうか。

実は、儀礼運営の中枢である行事官《ぎょうじかん》や、朝廷財政に関与する出納《しゅつのう》・大蔵《おおくら》省の三部署は、朝廷側の官務《かんむ》（太政官《だいじょうかん》の実務官僚の責任者）や蔵人頭《くろうどのとう》（天皇直属の秘書の責任者）といった上司によって、この請求額が適正かのチェックを受けることなく、そのまま直に幕府へ費用を請求できていたのである。幕府側も帳簿を吟味する能力に乏しく、いわばめくら判状態で、この三部署に関しては言い値をそのまま支給していた。今回、この別口で請求していた部署に大きなメスが入ったのである。その査定の結果、行事官に関しては一〇一一石から二八六石に減らされるという、何と七割カットの大幅減額となり、出納・大蔵省もそれぞれ約半分に減額された。今後は別口請求を禁じ、三催《さんもよおし》と呼ばれる、太政官・蔵人所《くろうどどころ》の実務官僚の責任者たちの査定を受けることとなり、すべての費用が一冊の帳簿にまとめられ、三催のみが幕府側の窓口である武家伝奏《てんそう》へ請求でき、京都所司代《きょうとしょしだい》の承認を受けた後、大坂御蔵《おおざかみくら》から支給されることとなった。そして、支給を受ける儀礼参加者は、代理人でもかまわないので御蔵へ出向き、署名と受領印を捺《お》し費用を受け取るという、現代人にもわかりやすいシステムとなった。

以上、裏表二冊の帳簿により復活させた大嘗祭だが、一代（中御門《なかみかど》天皇）中断を挟んだ後、元文三年（一七三八）の桜町《さくらまち》天皇の大嘗祭からは、このような回りくどい捻出《ねんしゅつ》方法をとらず、江戸幕府から別会計で明確に大嘗祭費用として三〇〇〇石ほど支給されるようになる。

このように、江戸時代の朝廷の官人達は、幕府というパトロンを上手に操り、儀礼を運営していたのである。

参考文献

武部敏夫「貞享度大嘗会の再興について」（『書陵部紀要』四、一九五四年）
久水俊和『室町期の朝廷公事と公武関係』（岩田書院、二〇一一年）

表『貞享四年御譲位御即位以下御下行帳』「A帳簿」・「B帳簿」比較

項　目	A帳簿額	B帳簿額	差　額
(皇太子元服の費用)			
行啓費	28石4斗	28石4斗	0
車代	15石8斗	15石8斗	0
行啓時の調度品	13石5斗	13石5斗	0
元服儀礼の費用	71石3斗6升5合	65石3斗6升5合	6石
元服儀礼の調度品	128石6斗3升5合	134石6斗3升5合	-6石
(固関儀礼の費用)			
儀礼参加者への支給分	296石5斗	152石2斗	144石3斗
調度品	42石5斗	34石	8石5斗
(践祚の費用)			
女官支給分	287石	201石5斗	85石5斗
公家支給分	1347石	768石8斗	578石2斗
御祓代	691石	447石6斗	243石4斗
調度品	72石4斗	63石4斗	9石
御所の調度品	126石8斗	102石3斗	24石5斗
太上天皇尊号定の費用	25石6斗5升	25石6斗5升	0
礼服御覧儀礼の費用	16石5斗	16石5斗	0
(伊勢神宮への奉幣)			
伊勢神宮への奉幣代	139石1斗	139石1斗	0
調度品	116石5斗	92石3斗	24石2斗
(即位礼の費用)			
女官支給分	438石	307石	131石
公家支給分	821石	538石1斗	282石9斗
御祓代	568石3斗	394石	174石3斗
礼服代	157石6斗1升	134石	23石6斗1升
掃部寮分の調度品	23石	20石	3石
主殿寮分の調度品	18石5斗	15石8斗	2石7斗
その他調度品	49石3斗	41石9斗	7石4斗
内侍所御神楽の費用	251石2斗	251石2斗	0
御所の調度品	124石7斗	122石1斗1升	2石5斗9升
小　計	5870石2斗6升	4125石1斗6升	1745石1斗
(別口請求)			
出納支給分	164石9斗	86石5斗	78石4斗
大蔵省支給分	155石8斗	74石6斗	81石2斗
行事官支給分	1011石1斗	286石9斗	724石2斗
三口小計	1331石8斗	448石	883石8斗
総合計	**7202石6升**	**4573石1斗6升**	**2628石9斗**

13　室町時代における大名層の生年・年齢

山田　徹

歴史上の人物が辞書の項目となる場合、その基本情報として冒頭近くに掲げられることが多いのが、生没年に関する情報である。しかし、没年についてはまだしも、年齢や生年に関する情報については、案外わからなかったり、系図などの不確かな情報源に依拠せねばならない場合が多かったりする。最近では、足利直義《あしかがただよし》の生年が一三〇六年から一三〇七年に訂正されたことをご存じの読者もおられるかもしれない(1)。そのように、確かな史料の収集・分析が進むことで、生年に関する知見が一新されることもあるのである。

筆者は最近、南北朝～室町時代の大名層の生年・年齢について、幅広く史料を集めるかたちで調査をおこなった(2)。この時代の大名たちのうち、少なくとも京都で活動している人々については、仏事のために禅僧が作成した文章や、貴族・僧侶の日記のなかに、年齢に関する情報をある程度検出できる。多くは没年齢や元服年齢というかたちで判明することが多く、そこから生年を逆算するのである（なお、当時の年齢は数え年である）。日記の記事は基本的に伝聞だが、それでも系図や家伝類に比べると相対的に信用しえる。

そのような検討の結果、従来知られていた生年に疑問符がついた事例がいくつかでてきたため、今回は、それらを示させていただければと考えている（なお以下では、算出された生年を示す場合には、西暦のみを示した）。

南北朝時代に、仁木《にっき》頼章《よりあき》という人物がいる。足利尊氏《あしかがたかうじ》の側近で、室町幕府成立後には丹波守護を務め、高師直《こうもろなお》が殺害されたのち、観応二年（一三五一）十月からは室町幕府の執事も務めた。延文四年（一三五九）十月十三日に没したが、その際の年齢は『尊卑分脈《そんぴぶんみゃく》』に「六十一」と記されており、ここから計算された一二九九年生まれという情報が、これまで辞典類に記されてきた。

しかし、醍醐寺《だいごじ》地蔵院《じぞういん》に関係の深い僧侶が記した「延文四年記《えんぶんよねんき》」[3]という記録のその日の記事をみると、亡くなった頼章の没年は「五十一」とされている。「武家年代記《ぶけねんだいき》」という書物にもその年齢が記されており、そちらのほうが正しいようである。

頼章の年齢は、通常いわれるより十年若かった。そう言ってしまうと、若さを価値とする現在の価値観においては、「いいこと」のように思えるかもしれないから、一応言い換えておこう。彼の一生は、通常考えられていたよりも、十年、短かったのである。

室町時代に、京極持高《きょうごくもちたか》という人物がいる。応永二十年（一四一三）八月十九日に父高光《たかみつ》を喪い、出雲・隠岐・飛騨の守護職や近江北三郡を相伝したが、永享十一年（一四三九）に没した。彼の年齢については、子孫の讃岐丸亀藩《まるがめはん》の家譜である「讃岐《さぬき》丸亀《まるがめ》京極家譜《きょうごくかふ》」に、「応永八辛巳年」の生まれで永享十一年の死没時に「三十九」歳であったとされており、それが通説となっている。[4]

しかし、『満済准后日記』応永二十年十一月二十二日の記事で、父の死後に家督を継承してはじめて将軍を自邸に迎えた京極家の当主は、「三歳」と明記されている。したがって、応永八年（一四〇一）ではなく、応永十八年（一四一一）の生まれとするのが正しい。実は、元服や任官の年齢を考慮しても、そのほうが自然である。没年も三十九歳ではなく二十九歳となり、この事例もまるまる十歳違っていたことになる。

彼の年齢が訂正されることで、弟持清《もちきよ》の年齢も再考を要する。持清も、同じく「讃岐丸亀京極家譜」に、応永十四年（一四〇七）の生まれとされている。しかし、これだと兄よりも年上になってしまう。弟という所伝が妥当であるならば（元服・任官時期を考慮しても、おそらくそれで問題ないだろう）、彼の生年もさらに時期が下ることになる。父高光の没年を考慮すると、応永十九・二十年頃の生まれと考えるのが穏当だろう。

「讃岐丸亀京極家譜」は、京極氏勃興の素地を作った佐々木導誉《ささきどうよ》（京極高氏《きょうごくたかうじ》）以後、高秀《たかひで》・高詮《たかあき》・高光の生没年については、比較的確かな他の情報源から知られるものと、ほとんどずれがない（厳密にいえば、没日に若干の異同がある）。しかしその一方で、このように不正確な情報が混ざり込んだ部分もあるようで、注意が必要なのである。

このように多くの事例について生年・年齢の検討を進めていくと、元服や初任官の時期にもおおよその見当がついてくる。元服は、十一〜十三歳あたりが一番多く、遅ければ十七歳の事例が検出されている。十五歳に元服するのが一般的だったとされることもあるが、これは不正確であり、少なくともこの時期に京都で活動する大名たちに関しては、実際の分布は十代前半中心の分布である。[5] 同じく初任官については、早ければ元服と同時のこともあり、遅くても二十歳頃までに果たしているケースが、わかる範囲では多数を占めていた。[6]

さて、このように元服・初任官の年齢について一般的状況が判明してきた結果、系図・家伝類に示される生年・年齢に疑義が生じたケースもある。

たとえば、応仁の乱頃の一色家《いっしきけ》の当主（丹後・伊勢守護）で、西軍についた義直《よしなお》という人物がいる。彼の生年については、『系図纂要《けいずさんよう》』に「永享三年生」とある記載が重視されてきた。しかし彼は、宝徳四年（一四五二）頃まで幼名である千徳《せんとく》を名乗っており（「塩尻《しおじり》」）、永享三年（一四三一）生まれだとすると二十三歳まで幼名を名乗っていたことになる。これは、この時期の大名家の当主として、やはり不自然である。彼の父義貫《よしつら》は永享十二年（一四四〇）五月に自害を余儀なくされているが、その最晩年の子と考えておくのが自然だろう。

細川《ほそかわ》氏の分家で、師氏《もろうじ》―氏春《うじはる》―満春《みつはる》―満俊《みつとし》―持親《もちちか》―成春《しげはる》……と代々淡路守護をつとめた家（淡路守護家）については、細川一門のなかでも比較的情報が少ない家として知られている。そうしたなかで、情報源として重宝されているのが、「柏木宗太郎氏所蔵細川系図《かしわぎそうたろうししょぞうほそかわけいず》」である。しかし、この系図も生没年に関しては怪しいところがある（表参照）。

二代目の氏春は、この系図では嘉慶元年（一三八七）に六十六歳で没とされており、それにもとづくならば一三二二年の生まれとなる。しかし、彼が貞和五年（一三四九）に法師丸《ほうしまる》という幼名を名乗っていたことがわかっている（「若王子神社文書《にゃくおうじじんじゃもんじょ》」）ため、一三二二年の生まれならば二十七歳でまだ元服していないことになってしまう。これは不自然であり、一三三〇年代後半～一三四〇年代前半あたりの生まれと考えるほうがよいだろう。
だとすれば、氏春―満春―満俊―持親―成春と、系図通りに親子関係を理解する場合、満春

淡路守護細川家歴代の生年

人名	「柏木宗太郎氏所蔵細川系図」の情報から算出される生年	推定される生年
師氏	貞和４年（1348）没44歳→1305生	
氏春	嘉慶元年（1387）没66歳→1322生	1330年代後半～1340年代前半
満春	応永６年（1399）没63歳→1337生	1350年代末～1360年代半ば
満俊	文安３年（1446）没71歳→1376生	1380年代半ば～後半
持親	寛正６年（1465）没60歳→1406生	1400一桁年代末～1410年代初頭
成春	（記載なし）	1433生

～持親に関しても再検討が必要となってくる。とくに、三代目満春の一三三七年生まれというのは、まずありえない。四代目の満俊も応永十四、十五年（一四〇七～〇八）に無官で検出される（「九《く》条《じょう》家《け》文書《もんじょ》」）ため、この系図通り一三七六年の生まれとすると、三十二、三歳で無官だったことになってしまう。もう少し若いと考えたほうがよかろう。

六代目の成春は一四三三年生まれと確認できるため、その点を考慮すると、満春は一三五〇年代末～一三六〇年代半ば、満俊は一三八〇年代半ば～後半、持親は一四〇〇一桁年代の末から一四一〇年代の初頭にかけてあたりの生まれと推定しておくのが、さしあたって無難なところであるように思われる。なお、これは、義満《よしみつ》から「満」字を、義持《よしもち》から「持」字を拝領した他家の人物の事例を考慮しても、不自然でない想定である。

このように、検討の進展により生年・年齢の再考が必要となった諸事例についてみてきたが[7]、実をいえば、本稿で取り上げた事例はすべて、系図・家伝類に示されるよりも、実際の一生が短いと思われるケースばかりであった。もちろん、誤写・誤認に起因する場合もあるだろう。しかし、とくに系図・家伝類には、何らかの「作者の意図」の影をみてとれるケースが多く含まれるのも事実である。場合によっては、当主たちが長生きしたかのように、または、後継時に当主が十分な年齢に達していたかのように、生年が粉飾されることがあった可能性を、想定しておいたほうがよいのかもしれない。

ともあれ、ここでみてきた生年のように、「基本情報」然として辞書項目の冒頭に掲げられているものにさえ、不確かな部分は含まれている[8]。諸情報を相互比較しながら相対的に「史実」に近いと思われるものを導き出していく歴史学的営為は、今後も多様な視点から進められていく必要があるのである。

註

（1）清水克行『足利尊氏と関東』（吉川弘文館、二〇一三年）、亀田俊和『足利直義』（ミネルヴァ書房、二〇一六年）。ただし、一年違いの年齢を、比較的確実な史料上にそれぞれ確認できる事例がそれなりにある（京極高秀・畠山基国・畠山満家・畠山満慶・京極高光・細川持元・細川成賢など）ことを考慮すると、一年を正月朔日から起算する数え方と、立春から起算する数え方のように、異なる数え方の年齢がともに使われていて、どちらの年齢も間違いではない可能性も、念頭に置いたほうがよいのかもしれない。

（2）拙稿「室町大名のライフサイクル」（『生活と文化の歴史学7　生・成長・老い・死』竹林舎、二〇一六年）。本稿の内容の多くはこの論文による。

（3）山家浩樹「「延文四年記」記主考」（『東寺文書と中世の諸相』思文閣出版、二〇一一年）。なお、山家は記主を義宝という僧侶に比定している。

（4）従来、「分郡守護」という言葉が使われてきたが、その概念に問題があることについては、拙稿「「分郡守護」論再考」（『年報中世史研究』三八号、二〇一三年）で述べた。

（5）十五歳を区切りとするいくつかの規程が知られているが、これらは成人として扱われる際の目安をあらわしたもので、元服年齢の問題とは別に考えなければならない。

（6）元服年齢が必ずしも十五歳ではなく、それ以前に遡った分布になる点は、中世の幅広い階層にあてはまると考えている（とくに公家では、さらに早い時期に元服する事例を広範に検出できる）が、その一方で、このような任官年齢に関しては、この時期に京都に在住し、室町殿周辺で狭いコミュニティを形成していた大名たちに限られた話であると理解している。

（7）もちろん、系図・家伝類にみえる情報であっても、その他の史料との比較検討の結果、目立った矛盾が生じないケースもある。詳しくは註（2）拙稿を参照。

（8）名前の読み方なども、類似の問題である。最近の検討として、鈴木由美「北条時行の名前について」（『日本史のまめまめしい知識　第一巻』岩田書院、二〇一六年）など。

14　越後高田の瑞泉寺《ずいせんじ》に降嫁した鏞宮《いさのみや》（政子女王）について

赤坂　恒明

江戸時代には、四親王家――伏見宮《ふしみのみや》、桂宮《かつらのみや》（もと八条宮《はちじょうのみや》、京極宮《きょうごくのみや》ほか）、有栖川宮《ありすがわのみや》（もと高松宮《たかまつのみや》ほか）、閑院宮《かんいんのみや》――の女子（女宮）の婚姻例は四十六例ある。配偶者の家格は、天皇・親王が四例、五摂家が三例、九清華が三例、将軍家が四例、御三卿が六例、御三家が七例、大名が七例、浄土真宗の准門跡が十一例、その他が一例、すなわち越後国高田（現、新潟県上越市）の瑞泉寺《ずいせんじ》である。

瑞泉寺へ入輿したのは、伏見宮貞敬《さだよし》親王の十女鏞宮《いさのみや》（政子女王《まさこ》）である。鏞宮の婚姻は、江戸時代における皇族女性が、天皇・皇族・摂関家・清華家・徳川一門・大大名・准門跡以外に嫁いだ唯一の事例である。

また、明治時代、皇族から臣籍降下した男性と、降嫁した女性は華族の身位にあったが、鏞宮の嫁ぎ先、瑞泉家住職井上家《いのうえ》は華族に列されることなく、鏞宮すなわち井上政子《いのうえまさこ》は、日本国憲法施行以前における華族でない唯一の皇族出身者であった。

　このように鏞宮は、制度史上、例外的な存在である。しかし、管見の限り、今日に至るまで鏞宮（政子女王）は、皇室制度研究において本格的に取り上げられたことはない。

　そこで本稿では、皇室制度史上、特異な存在と言える鏞宮に関する基礎事実を紹介することに努めたい。

　鏞宮の嫁ぎ先である浄土真宗本願寺派（本派別格寺）杉谷山《すぎたにざん》井《い》波園《なみえん》瑞泉寺は、北陸新幹線の上越妙高駅（もと脇野田駅）から在来線（旧信越本線。現「えちごトキめき鉄道」）で直江津方面に一駅先、所要二分程の南高田駅から北へ約三〇〇メートルの地に位置する。南高田駅から歩いて瑞泉寺を訪れると、高田市街方面へ向かう道の左手に、瑞泉寺内の「いずみ幼稚園」と鐘楼が目に入る。「時の鐘」で有名な鐘楼の南隣に大きな石碑が立っており、道からは塀越しに碑陰を望むことができる。碑陽の題字は「井上政子御方之碑」。すなわち、鏞宮の事績と詠歌を刻した記念碑である。

　寺伝によると、瑞泉寺の前身は、親鸞の弟子で信濃井上氏出身の善性《ぜんしょう》が下総国下河辺庄《しもこうべのしょう》磯《いそ》部《べ》に建立した磯部勝願寺《しょうがんじ》である。現在も茨城県古河市磯部に勝願寺があり、住職家は井上姓である。

勝願寺十二世慶順は信濃国水内《みのち》郡藤ノ木《ふじのき》（現、長野県飯山市）の親鸞聖人旧跡を兼帯し、巡教中の蓮如に帰依し、寺勢を拡大した。

十七世善慶は慶長二十年（一六一五）、越後国高田城主の松平忠輝の招きにより信濃から高田城下出雲町《いずもまち》に移り、寛永元年（一六二四）、現在地に移転した。勝願寺は、西本願寺の信濃・越後・佐渡の触頭《ふれがしら》として高田藩主と同格の待遇を与えられたという。

延宝元年（一六七三）、後西院《ごさいいん》の勅許により勝願寺は、越中国井波《いなみ》（富山県南砺《なんと》市）の瑞泉寺の名跡を継承し、杉谷山井波園瑞泉寺と改称した。これは、越中井波の瑞泉寺（本願寺綽如《しゃくにょ》開基。後小松院勅願所）と高岡の勝興寺《しょうこうじ》（寺伝によると順徳院の第三皇子彦成王――成尊、のち善空房信念――が開基で順徳院勅願所の佐渡国殊勝誓願興行寺の名跡を継承したという）との間に争論があり、本山（西本願寺）の裁定を不服とした瑞泉寺が東本願寺派に転向したためである。

二十二世善芸《ぜんげい》、二十三世闡瑞《せんずい》は、直江津の本願寺国府別院本堂の建立に尽力し、宗門史上、輝かしい事績を残した。

幕末の瑞泉寺は、広大な境内と大伽藍、及び、寺中三十八箇寺、配下八十六箇寺、合わせて百十四の末寺を誇ったという。

以上より、往時の越後高田瑞泉寺は、卓越した有力大寺院であり、皇族女子が降嫁するに値する格式と実力を兼ね具えていたことが理解されよう。

鏞宮（政子女王）の経歴は、宮内庁書陵部編修課編『四親王家実録』一〇四『伏見宮実録』一〇四『貞敬親王実録』一四（宮内公文書館所蔵。請求番号75304）の「王女　政子女王」から知ることができる。それによると、鏞宮は、伏見宮貞敬親王の十女として、文化十四年（一八一七）四月六日に誕生した。生母は家女房の中臈「梅崎」（梅操院。合田愛子）。同月十三日に七夜の儀が行われ、幼称を「鏞宮　つねのみや」と定められた。但し、後に誕生日は四月十日と公示され、訓は「いさのみや」に改められ、御息所《みやすどころ》寿美《すみ》君（藤原輝子）を嫡母と定められた。また、諱《いみな》（実名）は「政子《まさこ》」と命名されたが、その年月日は未詳である。なお、系図文献には「政子女王」という表記が見えるが、同時代の一次史料からは未確認である。

鏞宮は、天保六年（一八三五）十一月七日、江州木部《きべ》（木辺《きべ》）の准門跡、錦織寺《きんしょくじ》の門主宅慈《たくじ》常昭の実子となることが約され、同月十四日、実子となり鏞君《いさきみ》（伊佐君）と改称した（この「実子」は、現代の用例と異なり、生家との縁を切った養子のことである）。これは、瑞泉寺は格式が高いが准門跡でないので、鏞宮を伏見宮からでなく錦織寺からの縁組という形を取ったためである。

翌十五日、瑞泉寺二十四世住職本教摂照《ほんきょうせっしょう》（霊祥院）の嫡子、廣了澤惠《こうりょうたくえ》（浄行院）との縁約が成り、結納の儀が行なわれた。

同月二十五日、鏞君一行は越後国高田へ出発し、中山道、木曽路、善光寺街道を経て、十二月十六日、越後高田に到着し、即日、瑞泉寺の澤恵との婚儀が滞りなく行われた。時に十九歳。廣了澤恵は天保九年二月、瑞泉寺二十五世住職となった。彼の代、瑞泉寺は「越後門跡」と称されたという。これは、内室が伏見宮の出身であったことによる通称であろう。

鏞君は、天保九年に長男、同十三年に二男、弘化二年（一八四五）に女子を出産した。長男は早世したが、二男は瑞泉寺二十六世住職となった廣敎澤順《こうきょうたくじゅん》（井上澤順）で、女子は、現、東京都港区元麻布の麻布山善福寺《ぜんぷくじ》の二十六世住職、麻布澤海に嫁いだ麻布晃子《あざぶてるこ》である。


慶応二年（一八六六）に澤恵が没した後、鏞君は落飾し、「最勝院明了」と称した。明治維新後、瑞泉寺住職家は第一世善性の名字であった「井上」を姓とし、最勝院は姓名を「井上政子」と定めた。

政子は錦織寺宅慈の実子であったため、戸籍上、伏見宮家の出身ではなく、錦織寺住職家、木邊《きべ》家（華族に列し、男爵の爵位を与えられた）の出身として扱われたと考えられる。彼女が華族に列されなかった最大の理由は、まさにそこにあったのであろう。

また、瑞泉寺は、明治七年（一八七四）五月二日、隣接した農家からの出火による類焼のため、本堂・鐘堂・庫裡以下、ほとんどの建物を焼失した。かくて、「大きく荘厳であった瑞泉寺も、この大火の後は昔の面影をとどめなくなってしまい」（『瑞泉寺の歴史』四八頁）、寺勢は大いに衰えた。これも、瑞泉寺住職家が華族と成るためには不利に動いたことであろう。

なお、瑞泉寺住職の井上家が華族に昇格するための請願活動をおこなったという事実は知られていないが、政子の女子、晃子が嫁いだ善福寺住職の麻布家には、華族に列されんとしたものの実現しなかったという話が伝わる。詳細については、今後の調査に俟ちたい。

さて、井上政子は、明治二十七年（一八九四）七月二十五日に七十八歳で死去した。同月三十日に葬儀が行われ、瑞泉寺内墓地に葬られた。実家の伏見宮家からは、葬儀に家従が遣わされ、金二百円が達せられた。伏見宮貞愛親王は、政子が錦織寺の実子として瑞泉寺に縁組したため忌服には及ばなかったが、心喪に服した。

昭和八年（一九三三）、政子の四十回忌にあたり、墓・記念碑・納骨堂の建立に際し、伏見宮より墓標の文字を、伏見・閑院《かんいん》・東伏見・山階《やましな》・賀陽《かや》・久邇《くに》・梨本《なしもと》・朝香《あさか》・東久邇・北白川・竹田の各宮家より御香料を賜わった。『瑞泉寺の歴史』によると、「七月二十五日、起工式を行いましたところ、当日は故政子御方の祥月命日に当り、又、奇縁にも伏見宮家より墓標の御文字が書留便にて到着いたしました。これひとえに、故政子御方の御賢徳と御仏の偉大なお力と住職始め一同歓喜し、これを御仏前に供え、読経を厳修いたしました」との由である。

政子の人となりは、瑞泉寺の「井上政子御方之碑」によると、「恭謙仁恕」にして、非常に人徳があり、「歌道・書法に精《くわ》しく、晩年、明を失はせられて後も猶《なお》、紙を展《の》べて風懐を託させ給《たま》ふ。墨蹟の麗、往時に変わらせたまはず」という。その麗筆ぶりは、今に伝わる筆跡からも偲《しの》ぶことができる。

政子の女子で麻布山善福寺に嫁いだ麻布晃子は、夫が早世し、六人の子女を抱えて艱難を極めたが、善福寺は同寺二十八世住職となった三男　麻布超海によって復興し、彼女は満ち足りた晩年を送ることができたという（明治三十七年没。六十歳）。超海は母の実家、瑞泉寺を兼帯し、その復興をも果たし、その二男井上明海《みょうかい》が瑞泉寺二十八世を継承した。

なお、麻布晃子の子孫は、男系、女系ともに大いに繁栄し、その血統は、滋賀県東近江市（もと神崎郡能登川町）種《たね》の本行寺《ほんぎょうじ》、「風の盆」で名高い富山県八尾《やつお》の聞名寺《もんみょうじ》、「御影《みかげ》の松」で知られる神戸市御影の西方寺《さいほうじ》、岡倉天心《おかくらてんしん》が学んだ横浜の長延寺《ちょうえんじ》、著名ラグビー選手大内寛文《おおうちひろふみ》師が住職を務める広島県竹原市の長善寺《ちょうぜんじ》、兵庫県宝塚市の小浜《こはま》御坊毫摂寺《ごうしょうじ》、山梨県勝沼町の杉之御坊万福寺《まんぷくじ》など、浄土真宗のさまざまな諸寺の住職家に及んでいる。

なお、本稿では、歴史上の人物への敬称は省いた。関係各位には御諒解を賜わりたい。

参考文献

宮内庁書陵部編修課編『四親王家実録』一〇四『伏見宮実録』一〇四『貞敬親王実録』一四「王女　政子女王」(宮内庁書陵部図書課宮内文書館所蔵)

中村幸一編『高田藩制史研究』資料編　第五巻（風間書房、昭和四十五年十月）九二～一〇八頁所収『記録便覧』巻之十五

麻布照海『道程　―麻布山記―』（東京、麻布山善福寺、昭和五十六年六月）

池田嘉一「瑞泉寺」（池田嘉一／渡辺慶一『続　じょうえつ市の郷土史散歩』上越市、北越出版、昭和五十六年九月、一九～二七頁）

『瑞泉寺の歴史』（上越市、井波園瑞泉寺、昭和五十七年十月）

『皇室制度史料　皇族二』（吉川弘文館、昭和五十八年三月）二四九～二五一頁

『勝願寺の歴史』（茨城県猿島郡総和町磯部、真宗大谷派鷲高山順性院勝願寺　代表　井上勝、平成七年十一月）

【謝辞】　本小稿は、瑞泉寺前坊守　井上皋子様、坊守　井上晶子様、善福寺三十一世住職　故麻布弘海師、本行寺前坊守　藤山玲子様、坊守　藤山弥恵子様、そして、私には早稲田大学東洋史学専修の大先輩にあたり、瑞泉寺に所縁のある故勝山一義先生の御教示と御厚意によって成稿することができた。心より御礼申し上げる。

15　千葉《ちば》親胤《ちかたね》殺害事件考

石渡　洋平

一　はじめに

戦国時代、下総国における最大勢力であった千葉家に衝撃的な事件が起こった。弘治三年（一五五七）八月七日、当時の千葉家当主親胤《ちかたね》が家臣に殺害され、わずか十七歳で没したのである。この事件については、江戸時代中期成立とされる『千葉実録』など、近世に成立した記録や系図に記されている。親胤の死因は鴆毒《ちんどく》（鴆は羽に猛毒がある鳥のこと）とも（『千葉実録』）、家臣の手によるとも（『千葉伝考記』）、あるいは家臣の逆心によって自害した（『妙見実録千集記』）ともいわれる。

この事件は、若い当主が死に追いやられただけに注目を集めてきた。しかし、近年に至っても、滝川恒昭氏が事件の背景はなお検討する必要があるといった指摘もしており、改めて本稿でこの事件の背景を探ることにする。

二　親胤家督継承以前の千葉家

戦国時代の千葉家の家督は、康胤《やすたね》―輔胤《すけたね》―孝胤《のりたね》―勝胤《かつたね》―昌胤《まさたね》と継承された。昌胤は、天文十五年（一五四六）正月七日に死去した（『千学集抜粋』）。昌胤の跡は、昌胤嫡男の利胤《としたね》が家督についた。

天文十五年九月、利胤は臼井家へ養子入りしていた弟胤寿《たねより》と争った（椙山林継家文書『戦国遺文房総編』七八八号）。これは、昌胤の死去から間もないことであり、家督をめぐる争いだと考えられる。利胤は、この争いに勝利したものの、天文十六年七月十二日、家督を継いでわずか一年余りで死去してしまった（『千学集抜粋』）。千葉家にとっては、家督をめぐる争いの勃発や当主の急死など、領国経営に暗雲が立ちこめてきた時期であった。

三　千葉親胤と尾崎殿

親胤は昌胤の四男にあたり、天文十年（一五四一）生まれで（『千学集抜粋』）、兄利胤の死去に伴い、千葉家の家督を継いだ。四男でも家督を継げたのは、二男胤寿が没落しており、かつ三男胤富《たねとみ》が一族の海上《うなかみ》氏へ養子入りしていたからである。親胤は唯一千葉家に残された昌胤の子であった。親胤が家督を継いだのは、わずか七歳のときであり、実際の政務は千葉氏家中が

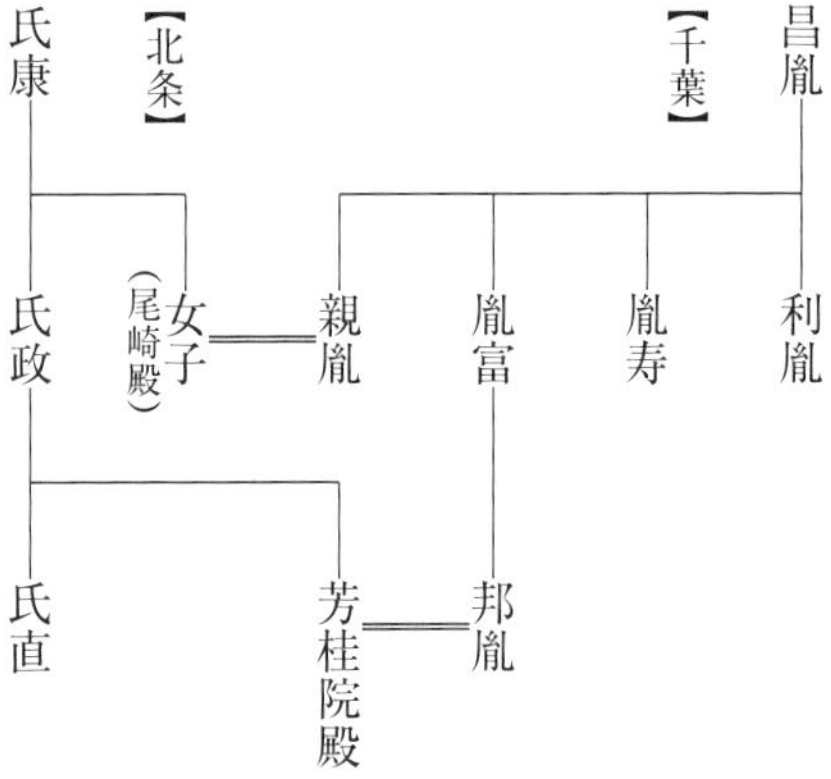

千葉・北条家関係系図

※黒田基樹『北条早雲とその一族』（新人物往来社、2007年）89頁掲載図を参考に作成。二重線は婚姻関係を示す。

行っていたといえる。

黒田基樹氏が指摘するように、『小田原編年録』所収北条系図によれば、親胤には小田原北条家当主の氏康《うじやす》の娘である尾崎殿が嫁いでいた。尾崎殿の嫁入りは、親胤の元服後で、弘治元年（一五五五）頃と考えられている。

千葉氏が北条氏と婚姻関係を結んだ理由としては、先述した当主の相次ぐ死去や内紛の勃発、幼少の親胤の家督継承といった内的要因と天文二十四年（一五五五）十月の里見氏家中正木時茂の千葉侵攻（『千学集抜粋』）や翌年の里見氏の匝瑳《そうさ》方面への侵攻（『恵光院過去帳抜書』）といった外的要因が考えられる。千葉氏は北条氏の力を背景に領国の維持を図ろうとしたのであろう。

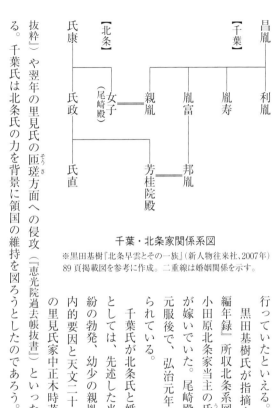

四　親胤、殺害される

親胤殺害は、親胤の「悪逆無道」（『千葉実録』）・「剛腹驕慢」（『千葉伝考記』）な性格のせいで政治に私心をはさむ故、親胤の代わりに胤富に家督を継がせようとした家中の動きが原因であったという。

加えて、この殺害にはどうも北条氏が関与していたらしい。「松蘿館《しょうらかん》本千葉系図」の親胤の箇所には、北条氏政のせいで親胤は殺されたとある。当時の北条家当主は氏康であり、全面的には信頼できないが、親胤死後に千葉家の当主になった胤富は北条氏との婚姻を積極的に進めた人物であり、千葉氏の家中が親胤を中心とする反北条派と胤富を中心とする親北条派で割れていた状況が想定できよう。

その家中のなかで親胤殺害と胤富擁立の主導者は、千葉家の家宰の地位にあった原胤貞《たねさだ》の可能性がある。それは、『妙見実録千集記』の親胤の箇所に、原式部大夫《しきぶのだいぶ》が逆心したので、親胤が自害したとみえるからである。式部大夫は家宰原氏が代々称していた官途である（胤貞の父の胤清や子の胤栄が称した）。

なお、親胤室の尾崎殿は嫁入り後わずか二年ばかりで夫を亡くすことになったわけで、生家と嫁ぎ先をめぐる千葉氏家中の争いに翻弄されたといえる。この後、尾崎殿は北条家に戻ったと考えられるが、詳細は不明である。

五　胤富の家督継承と親胤の怨念

『千葉実録』によれば、親胤の怨念が悪霊となって種々祟りを起こし、これより自然に家が衰え、不幸短命の端を生じたとある。川戸彰氏が指摘するように、この親胤の悪霊を鎮めるために造られたのが佐倉海隣寺にあったという阿弥陀三尊像である。この仏像が造られたのは、銘文の写（成田名所図絵『戦国遺文房総編』一一八〇号）によれば、胤富が当主の時代の永禄八年（一五六五）七月十四日のことである。当時の千葉家内では不吉なことが起こると、親胤の怨念のせいだと考える風潮があったのかもしれない。胤富としては、こうした家中内の動揺を抑えるために、仏像を造らせたとも考えられよう。

さらに、香取市の有形文化財に指定されている親胤を描いた掛軸も興味深い事実を伝えている。本掛軸については、『広報かとり』平成二十三年九月十五日号で紹介された。

本掛軸は香取市の久保地区にあった最勝院（別名は親胤寺で、現在は廃寺）という寺院に納められていた。掛軸には、近世初期に千葉氏の末裔を称した千葉定胤《さだたね》が親胤の御影を縁日である天正七年（一五七九）五月四日に寄進した旨が書かれている。

なお、縁日の日付は、親胤ではなく胤富の命日である（『千学集抜粋』）。本掛軸を紹介する『広報かとり』では、この点について、先述した海隣寺の仏像造立のことを踏まえつつ、「千葉胤富と、その子孫である近世の千葉氏当主が、非業の最期を遂げた千葉親胤の御霊を鎮めるために最勝院を建立し、御影を寄進した」と指摘する。

このように、親胤は生前にとどまらず死去後も災いを起こした人物とされるが、外山信司氏が指摘しているように、それは胤富が家督についたことを正当化させようとする後世の意図が影響していると考えられる。

六　邦胤の横死と親胤の怨霊

戦国時代の千葉氏当主には親胤の他にもう一人横死した人物として、胤富の跡を継いだ邦胤《くにたね》がいる。天正十三年（一五八五）五月七日、邦胤は家臣一鍬田《ひとくわだ》（鍬田とも）孫五郎に殺害された。邦胤が二十九歳のときである（『千学集抜粋』）。「本土寺過去帳」の邦胤の箇所には、一鍬田孫五郎が狂乱して邦胤の額を切りつけたとみえる。『千葉実録』や『千葉伝考記』によれば、儀式の際、鍬田が何度も放屁したことに邦胤が腹を立て叱ったことに対し、鍬田が不満を持ったことが殺害理由という。ただし、その背景に北条氏との関係をめぐって、千葉氏の家中内に対立があったことが黒田基樹氏によって明らかにされている。邦胤も親胤同様、北条家から室を迎えていたのである。

なお、伝承の域になるが、『千葉伝考記』に邦胤の横死は親胤の怨霊のせいだと家中が述べていたと記されているのも興味深い。胤富・邦胤二代にわたって不吉な出来事は親胤の怨霊のせいと家中が考えたことは、当主の殺害によって胤富系統を擁立してしまった一種の後ろめたさも感じられるといえるだろう。それは、先述したように、近世の千葉氏が親胤の供養を行うことにもつながったのである。

七　おわりに

本稿で検討したように、親胤殺害の背景は、当主の相次ぐ死去や里見氏の侵攻といったなかで、北条氏との関係強化を進める家中とそれに反対する家中の対立であったと推測できる。北条氏との関係は、邦胤のときも同様に、家中の分裂を生じさせる要因となった。政略結婚によって、「イエ」の安泰を目指した千葉家は、むしろその婚姻によって親胤・邦胤という若い当主の横死という事態を引き起こしてしまった。近世になると、こうした家中の内紛に代わって、親胤の素行の悪さや怨念・悪霊が前面に出るに至ったのである。

参考文献

川戸彰「戦国末期における一仏師の活躍―その墨書銘をめぐって―」(『千葉県の歴史』第一三号、一九七七年)

黒田基樹「北条氏の作倉領支配―「御隠居様」氏政の動向を中心として―」（同『戦国大名北条氏の領国支配』、岩田書院、一九九五年、初出一九九一年）
黒田基樹『北条早雲とその一族』（新人物往来社、二〇〇七年）
佐藤博信「戦国期佐倉千葉氏の権力形態―特に「自敬表現」に注目して」（同『中世東国の権力と構造』、校倉書房、二〇一三年、初出二〇一二年）
滝川恒昭「千葉胤富・邦胤の花押と印判に関する一考察」（石橋一展編著『下総千葉氏』、戎光祥出版、二〇一五年、初出二〇一一年）
外山信司「「原文書」と戦国期の海上氏について」（佐藤博信編『中世東国史の総合的研究二〇〇六～二〇一〇年度』、千葉大学大学院人文科学研究科、二〇一一年）
間宮士信編著『小田原編年録』第一冊（名著出版、一九七五年）
『改訂房総叢書』第二輯史伝（一）（二）・第五輯系図　石高帳　雑書　抄本　索引（改訂房総叢書刊行会、一九五九年）
『千葉縣史料』中世篇本土寺過去帳（千葉県、一九八二年）。
『戦国遺文』房総編第一巻～四巻、補遺（東京堂出版、二〇一〇年～二〇一三年、二〇一六年）

16　秩父《ちちぶ》重綱《しげつな》と「武蔵国留守所惣検校職《むさしのくにるすどころそうけんぎょうしき》」

山野　龍太郎

一　はじめに

秩父重綱《ちちぶしげつな》は、桓武平氏良文《かんむへいしよしふみ》流に連なる平安後期の武士で、「武蔵国留守所惣検校職《むさしのくにるすどころそうけんぎょうしき》」に初めて補任されたと伝えられる人物である。

重綱の曽祖父に当たる将常《まさつね》は、武蔵国秩父《ちちぶ》郡に定着して秩父氏を名乗り、祖父の武基《たけもと》は、丹党と連携しながら秩父牧の別当となり、父の武綱《たけつな》は、源　義家《みなもとのよしいえ》に従って武蔵国の北西部に進出した。重綱は、こうした父祖の政治的遺産を継承しつつ、子孫を武蔵国の各地に分散させることで、平姓秩父氏の勢力を拡大させた。たとえば、長男の重弘《しげひろ》の系統は畠山《はたけやま》氏となり、次男の重隆《しげたか》の系統は河越《かわごえ》氏となって、それぞれ武蔵国を代表する武士として発展している。

この重綱を初代とする「武蔵国留守所惣検校職」とは、字義通りに解すれば、武蔵国の留守所、すなわち国衙を監督する職のことである。『吾妻鏡』によると、嘉禄二年（一二二六）四月、河越氏の三郎流である河越重員《しげかず》が、重綱から代々任じられてきたという同職に補任されている。また、寛喜三年（一二三一）四月には、重員は同職の形骸化した現状を武蔵守の北条泰時《ほうじょうやすとき》に訴えており、留守所の在庁官人《ざいちょうかんじん》が調査した結果、重綱から畠山重忠《しげただ》まで活動してきた実績が裏づけられたので、泰時は従来通りの権限を復活させることを承認したという。このように「武蔵国留守所惣検校職」は、平姓秩父氏に相伝された国衙在庁職で、武蔵国における一族の地位を示すものとして注目されてきた。

しかしながら、「武蔵国留守所惣検校職」は、『吾妻鏡』以前の確実な史料では確認できないため、鎌倉中期に北条氏によって創出されたとする説も提起されており、その実態については必ずしも明らかでない。

そこで、初代とされる重綱について検討することで、「武蔵国留守所惣検校職」をめぐる研究状況に一石を投じてみたい。

二　秩父重綱と惣追捕使《そうついぶし》

重綱の事績について考えるのに利用したい史料は、『法然上人伝記《ほうねんしょうにんでんき》』巻第三上「津戸《つのと》消息《しょうそくの》事《こと》」である。これは、鎌倉後期に編纂された法然伝の一つで、法然の信者となった津戸為守《ためもり》の由緒について触れた内容である。それによると、武蔵国の惣追捕使だった重綱は、娘の生んだ津戸為広《ためひろ》を武士として養育しており、その三男の為守が源頼朝《よりとも》の挙兵に従って、鎌倉幕府の御家人として認められたという。この記述を信用すれば、かつて重綱は惣追捕使に補任されていたことになるが、果たしてこの史料は歴史的な事実を伝えているのだろうか。『法然上人伝記』における津戸氏の記事は、為守の子孫たちが六波羅探題《ろくはらたんだい》の奉行人として在京して、浄土宗の関係者に提供した資料を素材にして編纂されたと推定されている。

　では、津戸氏の家には、平姓秩父氏の故実について、信頼できる資料が伝来していたのだろうか。津戸氏とは、武蔵国埼玉《さきたま》郡津戸《つのと》郷（鴻巣市下忍字角戸）を本領とした東国武士である。津戸氏の家祖に当たる為広は、重綱の長男である重弘と〝弘（広）〟の字が共通しており、重弘を烏帽子親《えぼしおや》として関係を結んでいたと推測される。また、『延慶本平家物語《えんぎょうぼんへいけものがたり》』（第二末）十四「小壺合戦之事《こつぼかっせんのこと》」では、治承四年（一一八〇）八月の小坪合戦において、津戸四郎が重忠の軍勢に従っており、津戸氏が畠山氏の被官として活動していた。このように津戸氏は、重弘から重忠に連なる系統に仕えており、畠山氏の譜代の家人だったと考えられる。とすれば、津戸氏に伝来した資料を活用した平姓秩父氏の記事にも、一定の信憑性が認められるのではないだろうか。したがって、重綱が武蔵国の惣追捕使だったことは、歴史的な事実とみて差し支えないと考える。

　なお、『続群書類従《ぞくぐんしょるいじゅう》』第七輯上「小野系図《おののけいず》」によれば、横山隆兼《よこやまたかかね》が源為義《ためよし》の代官である愛甲《あいこう》内記平大夫《ないきへいたいふ》を殺害して、諸国から派遣された追討軍に抵抗を続けたが、重綱らの軍勢に攻められたことで降伏して、京都で為義に無実を訴えて許されたという。この事件は、源師時《もろとき》の日記『長秋記《ちょうしゅうき》』にも言及があり、天永四年（一一一三）に起きた史実を反映していたことが判明している。そこに重綱の名前は明記されていないが、隆兼の追討に参加したことが認められるとすれば、惣追捕使という政治的な立場とも無関係ではなかったと思われる。すなわち、重綱は、武蔵国の惣追捕使として隆兼を追討したか、あるいは隆兼を降伏させた功績によって惣追捕使に任命されたのではないだろうか。こうした横山氏の伝承も、重綱が惣追捕使に補任されていたことの傍証といえるだろう。

三　惣追捕使と「武蔵国留守所惣検校職」

重綱が武蔵国の惣追捕使だったとすると、重綱を初代とする「武蔵国留守所惣検校職」とは、実態としては惣追捕使を指していたのではないだろうか。

「武蔵国留守所惣検校職」は、重綱から重忠まで相伝されたというが、『真名本曾我物語《まなほんそがものがたり》』巻第五には、建久四年（一一九三）に、重忠が武蔵国と上野国の惣追捕使に任じられたという描写がある。この記述には疑わしい点が多々あるが、「武蔵国留守所惣検校職」だったと伝えられる重綱と重忠の二人について、それぞれ惣追捕使に任じられた伝承が残っているのは、きわめて示唆的な事実といってよい。

惣追捕使は、平安期には諸国の国衙などに設置されていたが、鎌倉期になると、頼朝が国ごとに補任した守護に置き換えられて、惣追捕使という呼称も使用されなくなる。武蔵国の場合には、元久二年（一二〇五）六月の畠山重忠の乱などを通じて、平姓秩父氏の勢力が国衙から除かれることで、惣追捕使も廃絶していったと考えられる。

嘉禄二年（一二二六）四月、没落していた河越氏の三郎流が国衙に復したが、この時期には武蔵国の国務は北条氏によって掌握されており、もはや惣追捕使を復活させることは現実的でなかった。そこで、惣追捕使に代わる地位として、新たに「武蔵国留守所惣検校職」が創出されたのではないだろうか。留守所に惣検校職が置かれた事例としては、建久元年（一一九〇）十二月の上野国留守所下文の「惣検校石上《いそのかみ》」や、建仁三年（一二〇三）十月の大隅国留守所下文案の「惣検校散位《さんい》藤原《ふじわら》」などが挙げられる。北条氏は、こうした諸国の制度を参考にしながら、武蔵国の留守所にも惣検校職を設置したのだろう。

また、『吾妻鏡』によれば、武蔵国の惣検校職には、国中の文書に加判する権限が認められていたという。これは、上野国や大隅国の惣検校が留守所下文に署判している点と符合しており、北条氏は武蔵国の惣検校にも同様の職権を付与していたと考えられる。こうした他国の留守所下文を参照すると、河越氏は「惣検校平」として署判を加えていたと想定される。

現在までのところ、武蔵国の惣検校が署判した留守所下文は確認されていない。しかし、正慶元年（一三三二）十一月、武蔵国大河戸御厨《おおかわどのみくりや》の年貢をめぐる訴訟で、「河越三郎太郎」が当事者の召喚を担当しており、鎌倉末期まで河越氏の三郎流に同職が相伝されていた形跡がある。

このように、「武蔵国留守所惣検校職」は、平姓秩父氏の先祖が補任された惣追捕使を先例として意識しつつ、鎌倉中期に政治的な復権を果たした河越氏に対して、武蔵守の北条氏が創設した留守所の要職だったと推察できるだろう。

四　おわりに

重綱は、武蔵国の国衙権力を背景にして、惣追捕使として治安維持に従事することで、子孫が各地の拠点に進出する基盤を築いた人物だった。一方、「武蔵国留守所惣検校職」とは、武蔵守として国務を掌握していた北条氏が、旧来の惣追捕使に代わって留守所に設置して、河越氏の三郎流に継承させた国衙在庁職だったと考えられる。

平姓秩父氏の一族にとって、重綱は特別な存在として記憶されていた。久安四年（一一四八）二月、武蔵国比企《ひき》郡の平沢寺《へいたくじ》（嵐山町平沢）の地で、重綱の縁者による法会が催されて、如法《にょほう》経《きょう》の経筒が埋納された。近世に出土した平沢寺経筒には、「当国大主散位平朝臣茲縄《（重綱）》」と刻まれており、重綱が武蔵国の「大主」と称されて、供養の対象となっていたことがわかる。

また、重綱の子孫たちは、重綱から始まる〝重〟を通字として用いており、重綱を一族の家祖として認識していたことが察せられる。鎌倉期の河越氏が、重綱に由来するという国衙在庁職を求めたのも、重綱の正統な後継者を自任することで、自身を平姓秩父氏の嫡流と位置づけようとした意識の表れといえるだろう。

こうして、重綱を平姓秩父氏の家祖とする認識は、やがて重綱が「武蔵国留守所惣検校職」の初代だったとする解釈を生み出した。重綱は、武蔵国の惣追捕使として平姓秩父氏の勢力を発展させたばかりなく、後世には「武蔵国留守所惣検校職」に結びつけて顕彰される存在となっていったのである。

参考文献

岡田清一『鎌倉幕府と東国』（続群書類従完成会、二〇〇六年）
岡田清一編『河越氏の研究』（名著出版、二〇〇三年）
落合義明「武蔵国と秩父平氏―成立期の本拠を探る―」（高橋修編『実像の中世武士団―北関東のもののふたち―』高志書院、二〇一〇年）
川合康「横山氏系図と源氏将軍伝承」（峰岸純夫・入間田宣夫・白根靖大編『中世武家系図の史料論』上巻、高志書院、二〇〇七年）

菊池紳一「武蔵国留守所惣検校職の再検討―「吾妻鏡」を読み直す―」(『鎌倉遺文研究』第二五号、二〇一〇年)
久保田順一「石上氏と中世武士団」(同『中世前期上野の地域社会』岩田書院、二〇〇九年)
埼玉県立嵐山史跡の博物館・葛飾区郷土と天文の博物館編『秩父平氏の盛衰―畠山重忠と葛西清重―』(勉誠出版、二〇一二年)
清水亮編著『畠山重忠』(戎光祥出版、二〇一二年)
拙稿「鎌倉期における河越氏の存在形態―次郎流と三郎流の動向をめぐって―」(『埼玉地方史』第六四号、二〇一一年)
拙稿「東国武士の浄土宗受容と政治的発展―武蔵国の津戸氏を中心として―」(『鎌倉遺文研究』第三一号、二〇一三年)

17　五郎丸の墓の謎

盛本　昌広

ラクビーのワールドカップでの活躍により、五郎丸選手は一躍全国の人気者となった。そうなった理由は勿論、その活躍によるものだが、五郎丸という名字が与えたインパクトも大きいと思われる。これがよくある名字ならば、あれほど有名にならなかっただろう。また、五郎という名前が日本人の深層心理に訴えたことも理由の一つと考えられる。柳田国男は「目一つ五郎考」などの論考で、五郎と御霊《ごりょう》信仰（怨霊や鎌倉権五郎景正に関する信仰）を結びつけているが、この点も関連していると思われる。この点はともあれ、ここでは横浜市にある御所五郎丸の墓と伝えられている墓をめぐる謎を考えていこう。

この墓は同市西区御所山町二六番地にあり、鎌倉後期のものと推定されている。墓周辺一帯は台地の上で、少し北に行くと、急な崖面があり、急な階段を降りると低地となっている。崖面直下は中世以来低地であったが、その前面は近世以降の埋め立てであり、中世には海であった。墓は五輪塔で、地輪と水輪に梵字が刻まれている。墓は昭和十四年（一九三九）に設立した五郎丸会と御所山町会が管理し、五月十五日に祭りを行っている。この五郎丸は実在の人物で、曽我兄弟の仇討ちの時に曽我五郎（時致）を捕えたことが『吾妻鏡』建久四年（一一九三）五月二十八日条に記されている。

その内容は次のようなものである。曽我五郎は将軍頼朝の御前に参ったので、頼朝は剣を取って、立ち向かおうとしたが、大友能直が留めた。その間に小舎人童の五郎丸が曽我五郎を捕え、五郎は大見小平次に預けられた。一方、真名本や仮名本の『曽我物語』では五郎丸が五郎を捕えた時のことが臨場感あふれる描写がなされている。つまり、五郎丸が曽我五郎を捕えたのであり、共に五郎という名前である。このことにも深い意味があると思われ、柳田の主張と合わせて考察する必要がある。

さて、この五郎丸の墓は以前から注目されていた。それはこの墓が天神山（群馬県みどり市西鹿田、旧笠懸村）で産出する白色の凝灰岩製であることによる。この凝灰岩製の五輪塔・層塔は十三世紀後半以降に東上野を中心に、その周辺の下野・武蔵で盛んに造立されていた。その分布地域はある程度まとまっているが、全くかけ離れた場所に四基現存する。その一つがこの五郎丸の墓、残りの三基が横浜市磯子区杉田の東漸寺にある。

この点を指摘した国井洋子氏は、その理由として上野国世良田（群馬県太田市、旧尾島町）の長楽寺にも天神山産の凝灰岩で作られた石塔があり、東漸寺の開山桃渓徳悟と長楽寺三代院豪が無学祖元を通じて親交があったことを想定している。また、杉田が東京湾の要衝の港である六浦に近いことも指摘している。

この両寺の法流については以下のような、より具体的な関係が存在する。東漸寺は臨済宗で、正安三年（一三〇一）に開基北条宗長（名越氏の一族）、開山宏覚禅師により創建されたとされる。宏覚禅師は桃渓徳悟のことで、九州の人で密教を学んだが、蘭溪道隆（大覚禅師）の来朝を聞いて、参じて、弟子となった。その後、無学祖元が建長寺に住むと近侍し、博多聖福寺（十二世）、円覚寺（四世）となり、弘安六年頃（一二八三）に東漸寺を開き、無学祖元らを招待し、詩会を開き、嘉元四年（一三〇六）十二月六日に死去した。その弟子像外禅鑑は肥前の人で、上総に胎蔵寺を開創し、東漸寺に住んだ（玉村竹二『五山禅僧伝記集成』）。

長楽寺二十二世桂峰文昌は桃渓徳悟の弟子で、六十六歳で観応二年（一三五一）十二月二十日に入寺した（『禅刹住持籍』）。桂峰文昌は像外禅鑑の相弟子にあたり、こうした縁から世良田を通して、東漸寺に石が供給された可能性がある。また、長楽寺の住持には他にも無学祖元の弟子が何人かおり、こうした法流も東漸寺と関係する。

一方、五郎丸の墓が天神山産の凝灰岩であるのには、いかなる理由があるのだろうか。その点を考えるには、五郎丸の墓がある御所山がどのような所なのかを整理する必要がある。この地は近世には武蔵国久良岐郡戸部村であった。同村は戦国時代から存在し、『所領役帳』には二箇所に記述がある。一つは他国衆油井領の中に富部臨江寺分として七二貫四二三文とある。油井領とは北条氏照が国衆大石氏の所領由井領を継承したことによる名称である（黒田基樹氏は富部を在府料的なものとする）。臨江寺分とは戸部村にあった臨江寺の寺領のことであり、この時点では氏照の所領となっていた。もう一つは上原出羽守の知行地として、市郷（市が尾）（横浜市青葉区）で四八貫五〇〇文、富部大鏡寺分で六七貫七八〇文とある。上原氏の本領は市郷で、恩賞として戸部村にあった大鏡寺の寺領が与えられていた（「上原文書」）。

臨江寺も大鏡寺もこの時点では廃寺または廃寺に近い状態になっていたため、その寺領が氏照と上原氏の所領とされたと考えられる。『新編武蔵国風土記稿』では大鏡寺がどこにあったか全く不明とする。臨江寺については臨済宗寺院で、建長寺末の林光寺という同音の寺があり、『所領役帳』成立の頃には臨江寺と記したのではないかと推測している。一方、林光寺の開基は八木正重で、この人は今川氏真に仕えていたが、今川家没落の後、浪人となり、家康が関東に入った時、長谷川長綱に属して関東に下り、金沢（横浜市金沢区）の代官を命じられたとし、それならば天正十八年（一五九〇）以後の建立となり、臨江寺とは別の寺となるとも記している。また、住僧がいないので、こうした点も調べられないとも記している。なお、林光寺は戸部村の枝村の野毛にあったが、明治七年に久保山墓地の新設とともに西区元久保町に移転し、現在もその地にある。

このように、戸部村には二つの寺があり、共に宗派・開山・開山時期・開基などは不明だが、共にそれなりの貫高なので、かなり大きな寺であったと推測される。そうした寺ならば、開基の僧の墓は良い石材を使用していた可能性が高い。この点からすれば、五郎丸の墓はどちらかの寺の僧の墓と考えられる。墓がある所は崖面に近く、海を臨める場所である。臨江寺は江（入江）に臨む寺という意味と思われ、こうした立地にふさわしい寺名である。この付近は中世には湾となっており、入江と呼ぶのは自然である。似た名称として京の臨済宗寺院の臨川寺があるが、桂川が近くを流れているので、この寺名にしたのであろう。

近世に存在した林光寺は臨済宗だが、廃絶していた臨江寺を八木氏が再興し、その時に文字を変え、建長寺の末寺としたのだろう。横浜市内は鎌倉に近いこともあり、鎌倉時代後期から建長寺の教線が伸び、その末寺の寺が多く存在する。臨江寺の宗派や本寺自体は不明だが、杉田の東漸寺も臨済宗であり、同じく臨済宗の可能性が高い。臨江寺にも東漸寺や長楽寺と関連する法流の僧が入っていたと考えられる。

では、天神山の凝灰岩は臨江寺や東漸寺まで、どのように運ばれてきたのだろうか。この点は国井氏が指摘しているように水上交通との関係が想定される。臨江寺のある戸部村周辺は中世には湾であったが、湾の東北側には神奈川郷があり、室町・戦国時代には港・町場として発展していた。また、湾をはさんで北側の対岸は近世には芝生《しぼう》村（横浜市西区浅間町）で、帷子川河口に位置し、帷子川流域の村からの薪炭の集積地であったが、中世から港としての機能を持っていたと考えられる。

同村に関しては以下のような中世史料がある。嘉吉元年（一四四一）十二月に関東管領上杉清方が鶴岡八幡宮に師岡保柴関所を改めて寄進しているが（「鶴岡八幡宮文書」）、この柴は芝生と考えられる。また、正中二年（一三二五）閏正月に遊行上人安国が「武州芝宇宿」で賦算しており（「遊行歴代譜」）、同地には宿があった。つまり、同村内には関所が置かれるほど通行が盛んな道があり、宿も形成されていた。その道はほぼ近世の東海道と同じルートで、品川・川崎・神奈川という東京湾沿いの港や宿を陸路で連絡し、さらに鎌倉や相模方面に向かう道であったと思われ、同地は海上・陸上交通の要衝であった。

戸部村の名主綿貫氏は臨江寺分を領していた北条氏照の朱印状を所蔵していた（「武州文書」）。これは十一月十九日付で、富部船方中に対し、なまこ弐百盃・鯛五十枚・蛸卅盃を栗橋に今月中に届けるように命じたものである。当時、氏照は栗橋城主（茨城県五霞町）を兼ねており、その数の多さから見て、栗橋城での宴会用の海産物と考えられる。栗橋は古利根川水系にあるので、戸部は古利根川水系と船で連絡していたことを示している。天神山の西を早川が南に流れ、古利根川に注いでいるので、戸部や杉田にある天神山の凝灰岩も古利根川を下り、東京湾を経由して運ばれたのであろう。戸部にかなりの規模の寺が二つも存在したのは近くに港や街道を控える地であったことによると考えられる。

では、なぜ臨江寺の僧の墓と思われる五輪塔が五郎丸の墓とされたのだろうか。この墓に関する伝承は五郎丸が曽我五郎を捕えたことを踏まえている。ただし、五郎丸が兄弟を工藤祐経の館に導き本望を遂げさせたという尾鰭が付いている。この話は『曽我物語』を通じて、世間に流布したはずなので、その逸話と墓が結びつけられたことになる。それは臨江寺に関する記憶が薄れてからであろう。戦国時代には『所領役帳』に臨江寺分とあり、先の綿貫氏の所蔵していた文書の宛名に戸部大経寺とあるので、戦国時代には臨江寺や大経（鏡）寺の記憶は残っていた。だが、近世に入ると、その記憶がなくなり、台地の上にぽつんと残された五輪塔が人々の注意を引き、何らかの契機に『曽我物語』の知識に基づいて、五郎丸の墓とされたのだろう。中世後期から近世には女性の瞽女《ごぜ》が『曽我物語』を語り歩き、同時に文字としての『曽我物語』も普及した。

また、柳田国男が主張した五郎と御霊信仰の結びつきも関連していると思われる。柳田の「目一つ五郎考」には芝生村の洪福寺にある鎌倉権五郎景政の守り本尊の薬師像が目洗い薬師として崇敬されていたことが記されている（これは『新編武蔵国風土記稿』に基づく記述）。先に述べたように、芝生村は戸部村のすぐ近くであり、そこに権五郎に関する信仰があったことも墓が五郎丸と結びついた背景なのかもしれない。

参考文献

笠懸村編纂室『笠懸村誌　上巻』（笠懸村、一九八五年）
国井洋子「中世東国における造塔・造仏用石材の産地とその供給地―上野国新田荘の天神山凝灰岩を中心に―」（『歴史学研究』第七〇二号、一九九七年）。
黒田基樹「総論　武蔵大石氏の系譜と動向」（黒田基樹編『武蔵大石氏』岩田書院、二〇一〇年）
玉村竹二『五山禅僧伝記集成』（思文閣出版、二〇〇三年）
西区観光協会『ものがたり　西区の今昔』一九七三年
盛本昌広『日本中世の贈与と負担』（校倉書房、一九九七年）
柳田国男「目一つ五郎考」（『民族』三巻一号、一九二七年）。同年に『一目小僧その他』（小山書店）として刊行。後に角川文庫として一九五四年に刊行。
湯山学「武蔵国久良岐郡（橘樹郡）師岡保の周辺」（『武蔵武士の研究』岩田書院、二〇一〇年）
『日本架空伝承人名事典』（平凡社、一九八六年）
建仁寺両足院所蔵「禅刹住持籍」（『群馬県史　資料編5　中世1　古文書・記録』群馬県、一九七八年）所収。

18　細川持元《ほそかわもちもと》小考

岡田　謙一

細川持元《ほそかわもちもと》は、細川氏の嫡流《ちゃくりゅう》である京兆家《けいちょうけ》の三代目に当たる満元《みつもと》の嫡男《ちゃくなん》として、応永五年（一三九八）に誕生する。京兆家の歴代のなかでは、あまり知られることのない人物である。これは、家督として活躍する期間が約三年と短く、且つ歴史史料上もあまり確認することができないことが原因であろう。殊に、発給文書に関しては、現在のところ写を含めて十九通しか確認できないのである。その全てが書状様式であり、守護大名として領国内に発給したであろう遵行状《じゅんぎょうじょう》などの下達《かたつ》文書は管見に入らない。斯波氏や畠山氏の所謂《いわゆる》三管領の家督は、管領に補任されると将軍の意を奉じた管領奉書《ほうしょ》（将軍家御教書《みぎょうしょ》）を発給することになる。しかし、持元は細川京兆家歴代のなかで、唯一管領となる前に死去したため、管領奉書は存在しないのである。

父である満元（法名は道歓《どうかん》）は、頼之《よりゆき》や頼元《よりもと》と同様に、管領に就任して幕政運営に深く関わっていた。満元は、永和《えいわ》四年（一三七八）に頼元の嫡男として誕生し、応永《おうえい》四年（一三九七）五月七日に頼元の死を受けて、京兆家の家督となる。同十九年（一四一二）三月十六日に、管領を辞した畠山満家《みついえ》（法名は道端《どうたん》）に代わり同職を拝命し、同二十八年（一四二一）七月二十九日に上表《じょうひょう》するまでの約十年間、足利義持《よしもち》の幕政に関与した。これにより、満元の発給文書は、管領奉書も含め多数確認できる。管領を辞したあとも、義持は親しく満元邸を訪れている。ところが、同三十三年（一四二六）九月頃より、満元は身体にできた腫れ物に苦しめられるようになる。義持も満元の体調を慮《おもんばか》って細川邸を訪れたり、医師を遣わせ薬を調合させるなどして、満元の体調が回復することに手を尽くした。一向に改善しない体調に死を覚悟した満元は、十月十五日に辞世《じせい》の句「ことし又命の露のそめいたす座のもみちを人や見なれん」を残し、翌十六日に不帰《ふき》の客となる。享年は四十九、法名は岩栖院道歓悦道《がんせいいんどうかんえつどう》と諡《おくりな》される。

満元が死去する二日前、細川邸に渡御《とぎょ》した義持は、持元に対し京兆家の家督を安堵した。それは、京兆家の領国である丹波・摂津・讃岐・土佐の守護をも安堵されたことを意味する。ここに持元は京兆家の家督を義持より保証されたのである。

持元の幼名は、祖父頼元以来の聡明丸《そうめいまる》を用い、元服後は五郎を通称とし、足利義持の偏諱《へんき》をうけて持元と名乗る。京兆家の嫡男として、遅くとも応永二十四年（一四一七）正月には、右《う》馬助《まのすけ》を官途としていたことが、満元が垸飯《おうばん》を務めた際の記録にあらわれる。同三十三年十二月になると、満元の中陰《ちゅういん》（四十九日《しじゅうくにち》）が明けたとして、家督としてはじめて幕府に出仕する。その際も右馬助を官途としていたが、翌年の十二月に右京大夫《うきょうのだいぶ》に転じていることが史料上確認できる。

応永三十四年（一四二七）九月二十一日に、播磨・備前・美作《みまさか》の守護であり、侍所頭人《さむらいどころとうにん》も務めた赤松性松《せいしょう》（義則《よしのり》）が死去する。すると義持は、嫡男の満祐《みつすけ》に三か国の安堵を行わず、一族で義持の寵臣であった赤松持貞《もちさだ》に播磨国を遣わすように命を下した。持元の場合とは、義持の対応が異なる。これに対して満祐は、三度詫《わ》び言《ごと》を申し入れたが、結局聞き入れられないと判断し、父性松の小練忌《しょうれんき》（三十五日）に当たる十月二十六日に京都の赤松屋敷を自焼して、丹波を経由して播磨国に向かう。持元はその経由地たる丹波守護であり、通路を塞《ふさ》ぐように義持から命ぜられ、急遽丹波に馳下《はせくだ》ることとなった。この自焼行為により満祐は、備前・美作の守護職についても取り上げられ、備前国は赤松満弘《みつひろ》、美作国は赤松貞村《さだむら》にそれぞれ下されてしまう。さらに、山名常熙《じょうき》（時熙《ときひろ》）や一色義貫《よしつら》に満祐追討の命が下され、それぞれが領国に下向し、持元も四国勢の到着を待って播磨に進攻する手筈を調えていた。その最中の十一月十一日に、持貞の悪事三か条が露見する。これにより、持貞は死を賜り、満祐は義持に起請文を提出し、三か国を安堵されることとなる。上洛する満祐には、持元が同道していた。実に持元を含む細川一族と満祐とは、連歌を通じて互いの屋敷を行き来するほどの関係にあった。この間の持元の苦しい心情は、察するにあまりある。直後の十二月二十一日に持元は、京兆家の所以《ゆえん》たる右京大夫となる。

応永三十五年（一四二八）正月七日から義持が体調を崩し、同十八日に跡継ぎを決めないまま死去してしまう。この時、石清水八幡宮の神前で籤《くじ》を引き将軍を決めることとなり、管領畠山道端（満家）や斯波義淳《よしあつ》、山名常熈や畠山道祐《どうゆう》（満慶《みつよし》）等と共に、持元もこの重臣会議に加わっていた。その結果は周知の通り、青蓮院門跡《しょうれんいんもんぜき》義圓《ぎえん》（義教《よしのり》）が次期将軍に選ばれることとなる。こののち鎌倉公方足利持氏《もちうじ》は、義教に対して叛旗《はんき》を翻《ひるがえ》すこととなるが、それは持元が亡くなってからのことである。

陸奥と出羽は、明徳《めいとく》三年（一三九二）以降、鎌倉公方足利氏が基本的には管轄するようになるが、細川氏は奥羽の所謂京都扶持衆《ふちしゅう》（将軍と直接主従関係を結んだ国人領主）などから将軍への申次《もうしつぎ》を行っていた。これは満元以来、奥州の篠川御所《ささがわごしょ》足利満直《みつなお》（御所執事高南朝宗《こうなんともむね》）や南奥州に蟠踞《ばんきょ》する伊達・岩城・相馬などの、京都扶持衆と将軍との間を取り持つ「大名申次」としての伝統であり、持元は奥羽の親幕府勢力と幕府とを仲介する重要な役割を担っていた。先述のように、持元書状は十九通確認されているが、このうちの半分強に当たる十通が、この奥羽における「大名申次」に関係するもので占められている。その全てが、「足利将軍御内書《ごないしょ》　并《ならびに》奉書留《ほうしょどめ》」という史料に控《ひか》えられた写で、書状様式のものではあるが、申次という立場で将軍への贈答品のやりとりだけではなく、年始の挨拶や京都扶持衆へ義持の形見分けも行ったりもしている。ただ、義持期では細川氏の意志を反映させた書状であったが、義教期では細川氏が作成した書状に対して、将軍の検閲《けんえつ》が入るようになる。

この奥羽に対する「大名申次」という細川氏の伝統は、当初の目的とは性格を異にするとはいえ、後年に伊達尚宗《ひさむね》が上洛する際や稙宗《たねむね》父子が奥州探題《たんだい》を望むに際し、将軍との申次を細川政国《まさくに》や高国《たかくに》・尹賢《ただかた》が行っていたことの由緒は、満元父子に求められるのである。

ところで、持元の発給文書が書状様式のものに限られて残存していることに聊《いささ》か疑念が湧いてくる。実際に持元が、守護遵行状など発給していたであろうことは、応永三十四年十月に領国である摂津・丹波両国に対して、持元充《あて》の管領畠山道端奉書が存在することから可能性は高い。正長《しょうちょう》二年（一四二九）二月に勃発《ぼっぱつ》した丹波国土一揆《つちいっき》に際しても、義教の御教書が出されていることから、領国内に持元の遵行状や禁制《きんぜい》等が発給されている可能性もある。むしろ、それが残されていないことの方が不思議である。その回答を準備することはできないが、恐らくは、持元が早世《そうせい》したことと無関係ではありえまい。

細川京兆家の家督として将来を嘱望《しゅくぼう》されていた持元は、父満元の死からわずか二年九か月後の正長二年七月七日に発症し、わずか一週間後の七月十四日に病没する。享年三十一、法名は性智院道秀玉峯《しょうちいんどうしゅうぎょくぶ》と諡された。先述の通り、細川氏は頼之以来、連歌などの文芸に精通しており、庶流一族を含めた歴代は、法楽会《ほうらくえ》に参加したり月次会《つきなみえ》の亭主となるなど、熱心に取り組んでいる。持元も例外ではなかったが、病の進行が早かったためか、年若く回復すると信じていたのか、満元とは違い辞世の句は残されていない。

持元には跡継ぎとなる男子がおらず、かわりに少なくとも弟が二人いる。二歳年下の弟が九郎持之《もちゆき》で、五歳年下の弟が弥九郎持賢《もちかた》である。持之は、兄の回復が見込めないと判断した将軍義教から持元存命中に遺跡安堵の御教書を拝領し、細川京兆家の家督として、永享《えいきょう》四年（一四三二）十月二十二日に斯波義淳《よしあつ》のあとを受けて管領となる。持賢は典厩家《てんきゅうけ》の初代となり、持之亡き後に若年の勝元《かつもと》を補弼《ほひつ》してゆくこととなる。二人の弟は、持元が京兆家の家督となる前から元服しており、持之にいたっては中務少輔の官途まで得ていた。持之以下を出家させることなく元服させた満元の思惑が、京兆家を相続させるのに功を奏したといえよう。当該期の畠山氏は、義教が家督相続に容喙《ようかい》したことにより、兄弟間などでの争いが勃発し、同じく斯波氏の家督相続にも口入《くにゅう》したこととは対照的である。しかし、持元は家督となってのち、弟たちを分家させることも想定していたのであろうか。

さて、頼元以降、持元までの京兆家の官途は、右馬助を経て右京大夫になるが、典厩家が創設されたことにより、京兆家は右馬助を経ないで右京大夫となる。このように、典厩家は血筋のみならず、官途からしても京兆家の分家として位置付けられ、京兆家を補弼する重要な役割を担うようになる。余談ではあるが、義満が元服する時、頼之が加冠役《かかんやく》となり武蔵守《むさしのかみ》に任官《にんかん》している。この由緒に関わって、持之以前の歴代が右京大夫を極官《ごっかん》としていたことに対し、勝元や政元、高国は右京大夫から武蔵守へと任官する。ただ、政元は足利義高《よしたか》（義澄《よしずみ》）の元服に際し、加冠役と武蔵守への任官を一旦は固持した。

　最後に持元書状のうち、持賢に宛てて送信された書状（私信）から持元と兄弟との関係についてみてみたい。持賢宛ての書状は、七通確認しているが、そこには末弟持賢に対する長兄持元の慈愛に満ちた文章が綴られており、持元自筆の書状と考えられる。その全てを紹介することは、紙数の関係上難しいので、気になった書状をいくつか取り上げてみたい。最初は、慶應義塾大所蔵「反町《そりまち》文書」に所収されたもので要約すると、「年が明け、めでたいことです。さて昨日は嘉例に任せて、山科へお出でになり、あなた（持賢）にもお目出たいことがありましたね。珍しい物を送りましたので、静かにご覧になって、その御返事をお聞かせ下さい」となる。兄が弟に祝いの品として、何か珍しいものを贈ったことに対して、弟の返事を楽しみにしている兄の様子が窺える。残りの六通は、東京大学史料編纂所所蔵「細川持元書状」に納められている。そのなかには、「お変わりありませんか、持賢殿にお目にかかりたいです。さてさて一日、勝負事の遊びに私（持元）が負けてしまい、再戦を致したく思っています。如何でしょうか。あなた（持賢）の良きように計らって、御返事ください。本当に再戦してくれるのならば、こちらで酒と肴を用意いたします。」といったものや、「さて先日、少輔殿《しょうとの》（持之）が東山付近で興味深い会を催したことを聞いた、という傍輩《ぼうはい》が来て私に教えてくれました。本当にうらやましく、とても珍しく派手な会を何度か開催されているようで、本当にみたかったので、うらやましいことです。それにあなた（持賢）も御出かけになりましたか。お聞きしたいです。家臣の奈良が、先日その会に行きましたが、私（持元）は呼ばれませんでした。このようなこと承ると、私への仕打ちに対して、腹が立ちます」といったものが残されている。これらをみる限りにおいては、持元は持賢とは一日中勝負事の遊びに興じるなど非常に親しく、持之とは彼が主催する会に持元が呼ばれず、立腹している様子から微妙な関係のように見受けられる。勿論、一時的な兄弟げんかとも考えられるが、それを持賢に愚痴る手紙を出す持元の感覚は、現代人とも相通ずるものがあろう。

通常、利権に関わる文書は一族にとって大切なものであり後世に残そうとするが、私信は個々人に関するものであり残そうとしても代替わりをすれば残るものではない。持元自筆書状が残された理由は、先学の指摘で明らかとなる。この「反町文書」と「細川持元書状」の紙背には、「妙蓮華経観世音菩薩普門品第二十五《みょうれんげきょうかんぜおんぼさつふもんぼん》」が、木版印刷によって摺《す》られており、所謂「消息経《しょうそくぎょう》」として寺院などに納められていたことが判明する。持賢が、手元にあった持元の自筆書状を貼り継ぎ、紙背に普門品を経師《きょうし》に摺写《しょうしゃ》させたものであった。本来は、両文書は「消息経」として一具のものであった。現在の形になったのは、近代になってからのことと思うが、寺院に納められていなければ、残されなかった可能性は高い。ひとえに、早世した持元の冥福を祈った持賢の行為が、持元書状を散逸させることなく現代にまで伝えた要因なのである。

しかし、持賢が典厩家の初代となり、こののち京兆家の幼い子弟を典厩家当主が補弼してゆくという体制は、持元の早世と関わりがあるように思えてならない。兄弟の強い絆が、典厩家を生んだと考えるのは、聊か愚計《ぐけい》に過ぎようか。

◎細川京兆家系図（＝は、養子関係をあらわす）

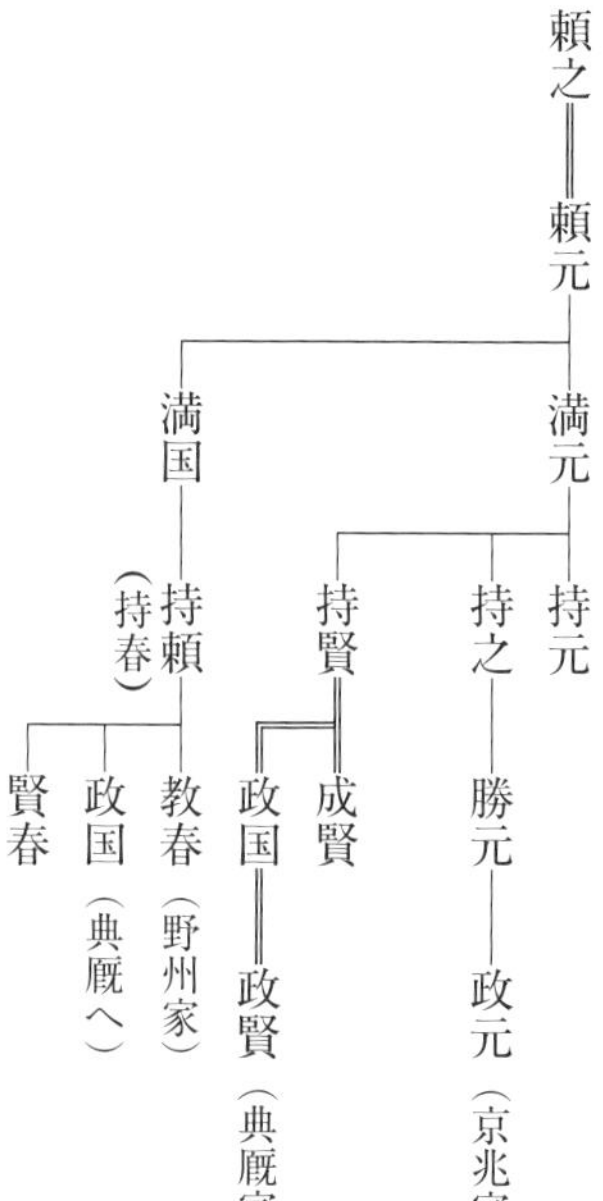

参考文献

末柄豊「蒐集文書の史料論―『反町文書』を素材として―」（佐藤道生編『古文書の諸相』、慶應義塾大学文学部、二〇〇八年七月）
末柄豊「中世の経師について」（勝俣鎮夫編『中世人の生活世界』山川出版社、一九九六年三月）
吉田賢司「将軍足利義教期の諸大名―その幕政参与についての一考察―」（『龍谷史壇』第一一七号、二〇〇一年十月、のちに同著『室町幕府軍制の構造と展開』に所収）
小豆畑毅「稲村・篠川公方と民部少輔朝宗」（小林清治編『中世南奥の地域権力と社会』岩田書院、二〇〇一年十二月）
岡田謙一「細川持元書状について」（科研報告書『中世後期守護権力構造の史料学的研究』、二〇一三年三月）

19　土佐《とさ》一条房冬《いちじょうふさふゆ》と禁裏・古岳《こがく》(嶽)宗亘《そうこう》の関係をめぐって

中脇　聖

一　一条房冬と禁裏・古岳宗亘

一条房冬《いちじょうふさふゆ》（一四九八〜一五四一）は、土佐国最南端の幡多《はた》郡（現・高知県四万十《しまんと》市ほか）を中心に領域支配を展開した「地域権力」土佐一条家の当主であった人物である。しかし、房冬は父房家《ふさいえ》の死去によって天文八年（一五三九）十一月、正式に家督を継いだ（父の生前から房冬が上洛して、活動していた）ものの、二年後の同十年十一月六日に病没したため、伝えられている動向は断片的かつ不明な点が多い。もっとも、家督相続以前に房冬が病気に臥《ふ》せっていたとか、疾《しっ》患《かん》していたとの記録は確認できないため、病没という確証はないといえる。

とはいえ、房冬は『お湯殿《ゆどの》の上《うえ》の日記《にっき》』天文八年八月廿三日条に「大《土》佐の一条前右大将正二位の事申さるゞ。さい《在》国にてはあるまじき《有間敷》ことなから。」（意訳：土佐の一条房冬が正二位の位階を許された。在国しているのにとんでもないことだ）と記され、在国公家としては異例の正二位に昇り、伏見宮邦高親王《ふしみのみやくにたかしんのう》の第三王女玉姫宮《たまひめのみや》（真照院《しんしょういん》）を正室に迎える（『二水記』永正十八年六月二十二日条）など、当該期の禁裏《きんり》（朝廷）と深い結びつきを窺《うかが》わせる。この房冬と禁裏の結びつきの一端を示すのが、『故大徳正法大聖国師古岳和尚道行記《こだいとくしょうほうだいしょうこくしこがくおしょうみちゆきのき》』という京都大徳寺《だいとくじ》（臨済宗《りんざいしゅう》）七十六世住持古岳宗亘《こがくそうこう》（一四六五〜一五四八）の伝記の一部で、これによると房冬（「一條黄門藤《いちじょうこうもんふじ》原《わらの》朝臣《あそん》房冬」）は、足利義稙《あしかがよしたね》（「恵林相公源《えりんしょうこうみなもとの》朝臣《あそん》義稙」）・正親町三条公兄《おおぎまちさんじょうきんえ》（「三條中将藤原《さんじょうちゅうじょうふじわらの》朝臣《あそん》公兄」）・六角定頼《ろっかくさだより》（「佐々木少弼《ささきしょうひつ》定頼」）・義賢《よしかた》（承禎《しょうてい》）らと共に宗亘に帰依《きえ》していることが確認できる。

宗亘は近江《おうみ》（現・滋賀県）佐々木六角氏の出身と伝わり、後柏原《ごかしわばら》天皇・後奈良《ごなら》天皇や皇族なども帰依し、大永元年（一五二一）十月十七日には後柏原帝から「仏心正統禅師《ぶっしんしょうとうぜんじ》」の号を授《さず》けられ、次《つ》いで天文五年（一五三六）十二月十七日には後奈良帝から「正法大聖国師《しょうほうだいしょうこくし》」号を授けられた（大徳寺塔頭《たっちゅう》「大仙院《だいせんいん》文書」）高僧として知られる。加えて宗亘は、帽子《もうす》（禅僧のかぶる頭巾《ずきん》）を着けて（帝《みかど》と）対座し、肩輿《かたこし》（長柄を肩に担ぐ乗り物）に乗って参内《さんだい》を勅許《ちょっきょ》（帝の許し）されるほど（竹貫：二〇一二）尊崇されていた。それでは、土佐国に在国していた房冬が何故《なにゆえ》、宗亘に帰依できたのであろうか。

前述したように、房冬の正室は伏見宮邦高親王の第三王女であり、邦高親王は後柏原天皇の父後土御門《ごつちみかど》天皇の猶子《ゆうし》（仮の親子関係を結ぶ制度）であった（『邦高親王実録』文明六年四月二十六日条）。さらに、房冬は『後柏原天皇崩御記《ほうぎょき》』（「泉涌寺文書」なお、小稿では東京大学史料編纂所所蔵影写本〔三〇七一・六二―一四―三〕を参照）大永六年六月八日条に後柏原院の中陰法要《ちゅういんほうよう》（七十七日忌までの各法要）に供奉《ぐぶ》した六十人近い皇族・僧侶・公家などの関係者の一人として「一条殿」と記され、後柏原天皇との緊密な関係を窺《うかが》えるのである。つまり、房冬の宗亘への帰依は、いくつかの理由（後述）があるが、禁裏との関係を深めようとしたのも理由の一つと考えられる。

こうした中央政界における房冬の人脈は、父房家や伯父冬良《ふゆよし》のそれを背景にしていると言ってよく、父房家は三条西実隆《さんじょうにしさねたか》と詩歌のやりとりや実隆を通じて宸筆詩歌懐紙《しんぴつしいかかいし》を所望するなど活発な文芸活動を看取できる（『実隆公記』永正六年九月七日条ほか）。在国公家であった房冬が正室に宮家王女を迎えられたのも京における人脈作りのおかげといえよう。

二　古岳宗亘への帰依と房冬・堺商人

また、房冬が古岳宗亘に帰依したことによって得られた関係が、堺（現・大阪府堺市ほか）の会合衆《かいごうしゅう》とのつながりであった。周知のように「自由都市」堺の自治を担って意思決定を行った会合衆は、同地の有徳人《うとくにん》（＝有力商人）三十六人で構成され、特に有力な十人が代表的立場にあったという。

この会合衆は、古岳宗亘が住持をつとめた大徳寺に経済的援助をおこなっていたことが知られ、なかでも天王寺屋《てんのうじや》（津田《つだ》）宗達《そうたつ》は大永六年（一五二六）九月、帰依していた宗亘から「宗達」の号を授《さず》けられていた（大徳寺塔頭「龍光院《りゅうこういん》文書」）。つまり、房冬と会合衆の一人宗達とのつながりは、宗亘への帰依によってできた可能性が高い。

もっとも、堺と土佐一条氏の間接的な関係は、房冬の祖父教房《のりふさ》が奈良大乗院塔頭成就院《じょうじゅいん》から土佐に下向する際、堺から乗船している（『大乗院寺社雑事記《だいじょういんじしゃぞうじき》』応仁二年九月廿五日条）などを確認できる。しかし、深い交流を持つに至ったのは、房冬の時と思われる。

さらに、房冬は宗達との関係を梃子《てこ》として大坂本願寺《おおさかほんがんじ》と交流を持つようになったことが、『証如上人日記《しょうにょしょうにんにっき》』天文六年（一五三七）正月廿七日条から判明する。その初見となる同条には「（略）従土佐一條殿尊翰《そんかん》到来候、堺商人持而来之《これをもちくる》、」（意訳：土佐の一条殿（房家あるいは房冬）よりお手紙が届いた。堺の商人がこれを持って来た）と記され、土佐一条氏と大坂本願寺の「取次」（＝仲介役）として堺の商人が活動している。

すでに、先行研究によって明らかにされているように、土佐一条氏と大坂本願寺の間を主に仲介したのは、堺における本願寺教団の中心人物の一人、慈光寺円教《じこうじえんきょう》と板原次郎左衛門《いたはらじろうざえもん》という人物であった（大畑：二〇〇七）。

特に、板原次郎左衛門は、土佐一条・大坂本願寺・堺商人、三者の間を仲介している様子が窺えるのである。『証如上人日記』天文六年三月十日条には、「堺六、七人の宿老から証如が次郎左衛門に対し、唐船（日明貿易船。あるいはそれに限定されない貿易船を指すこともある。）請取《うけとり》に（土佐下るよう）申し付けた事への三種三荷（礼物）を堺商人が本願寺に持参」している。

さらに、同『日記』天文六年十二月廿四日条にも本願寺証如に「土佐一条殿からお手紙が板原次郎左衛門に御事付け（言づけ）で届いた」と記され、加えて土佐一条側から「去年四月、唐船造営のために（土佐の）山中より切り出し貯えていた材木を、本願寺建立《こんりゅう》用として差し上げる」との旨が伝えられている。

この記事からは、天文五年四月以前に土佐国内で「唐船」造営のための材木が切り出され、貯えられていたことが看《み》て取れるし、同『日記』の天文七年正月十七日条には、「板原次郎左衛門が土佐へ下り、然時《しかるとき》に渡唐船《ととうせん》が出来た」と、唐船が完成したことを記している。その依頼主と目されるのは、周防《すおう》（現・山口県）大内氏・堺商人と考えられる（特に、天文期の日明貿易が大内氏の独占だったことに注意）。従来、堺商人と結びついて日明貿易を主導した大名として細川氏と博多商人の名前が挙がるが、近年の研究では大内氏と堺商人の結びつきが注目されている（伊藤：二〇〇二、髙鳥：二〇一六）。

よく知られているように、土佐一条氏と大内氏は姻戚関係にあり、房冬の側室は大内義興《よしおき》の娘で、この二人の間に生まれた恒持《つねもち》（晴持《はるもち》）は、大内義隆《よしたか》の養嗣子《ようしし》となっている（『大内系図』・

「金剛福寺《こんごうふくじ》所蔵位牌《いはい》」）。こうした関係が結ばれた理由は、大徳寺を媒介とする堺商人などの人的ネットワークが巨大な「富」を生む日明貿易を主導していたこととと無関係ではあるまい。

土佐一条氏が直接的に貿易に関与していたとする旧来の説は否定されてはいるものの、「唐船」の造営の事実や、貿易品と見られる品々を禁裏に贈答している事実を見れば、貿易に間接的な係わりを持っていたことは疑いないだろう。つまり、堺商人や大内氏との関係を深めたかった一条房冬は、古岳宗亘への帰依によってそれを実現したのではないだろうか。

三　むすびにかえて

以上、見てきたように、一条房冬の古岳宗亘への帰依は、単なる信仰上の理由からではなく、先述した宗亘が住持をつとめる大徳寺に集う禁裏・大名・堺商人といった人々の人的ネットワークの一員となるという目的があった。それによって、政治的・経済的利益を得ようと志向していた表われであったといえよう。このことは、従来、土佐一条氏が大内氏や豊後《ぶんご》（現・大分県）大友氏と姻戚関係を結んだ理由が、公家から武家への転換といった漠然とした論調で語られがちだった俗説に修正を迫る興味深い視点といえるだろう。

参考文献

朝倉慶景「土佐一条氏と大内氏の関係及び対明貿易に関する一考察」（『瀬戸内海地域史研究』第八輯、二〇〇〇年）

伊藤幸司『中世日本の外交と禅宗』（吉川弘文館、二〇〇二年）

市村高男「海運・流通から見た土佐一条氏」（同編『中世土佐の世界と一条氏』、高志書院、二〇一〇年）

大畑博嗣「遣明船をめぐる本願寺・土佐一条氏・大内氏・堺の関係―『天文日記』を中心に―」（『歴史の広場―大谷大学日本史の会会誌―』第九号、二〇〇七年）

岡本真「『堺渡唐船』と戦国期の遣明船派遣」（『史学雑誌』第一二四巻四号、二〇一五年）

髙島廉「戦国期における大内氏と大徳寺」（『北大史学』第五十六号、二〇一六年）

竹貫元勝『京都・紫野　大徳寺僧の略歴　その法脈と茶道のつながり』（淡交社、二〇一二年）

下村效「戦国・織豊期の社会と文化」（吉川弘文館、一九八二年）

高橋素子「中世都市堺成立過程における都市民の変容変容―開口神社を中心に―」（『お茶の水史学』第四十七号、二〇〇三年）

山本大「勘合貿易と南海路」（松岡久人編『内海地域社会の史的研究』、マツノ書店、一九七八年）

Ⅲ　史料と向き合う

20　戦うお坊さん

―東大寺《とうだいじ》西室院《にしむろいん》院主《いんじゅ》顕宝《けんぽう》の挙兵―

鈴木　由美

元弘《げんこう》三年（一三三三）五月二十二日、源《みなもとの》頼朝《よりとも》の開幕以来百五十年余り続いた鎌倉幕府は滅亡した。代々鎌倉幕府の執権《しっけん》・連署《れんしょ》や寄合衆《よりあいしゅう》・評定衆《ひょうじょうしゅう》などの幕府要職を務め、幕府の実権を握っていた北条《ほうじょう》氏も、得宗《とくそう》（北条氏の家督）北条高時《たかとき》以下一族の多くが幕府とともに滅びた。

だが、北条氏の一族が全員滅亡したわけではない。鎌倉幕府滅亡後、幕府を滅ぼした後醍醐《ごだいご》天皇《てんのう》の建武《けんむ》政権に対抗し、北条氏の一族や被官《ひかん》（家臣）らが挙兵している。

『太平記』（西源院本を使用）第十二巻「安鎮法《あんちんほう》の事」では、建武政権下での北条一族らの挙兵について書かれているが、その中に以下のようにある。

また、河内国《かわちのくに》の賊徒等、佐々目《ささめ》顕宝僧正と云ひける者を取り立てて、飯盛山《いいもりやま》に城郭をぞ構へける。（中略）

されども、この法の効験《こうげん》にや依りけん、飯盛の城は、正成《（楠木）》に落とされ、（以下略）

飯盛山で挙兵した「佐々目顕宝僧正」は、東大寺（奈良県奈良市）の有力な院家（本寺の敷地内にあって、本寺に属する小寺）である西室院の院主（住持）顕宝のこととされている。

河内にも飯盛山があるが（大阪府大東《だいとう》市・四條畷《しじょうなわて》市）、「元弘日記裏書《げんこうにっきうらがき》」には、「建武元年（一三三四）十月に北条高時の一族が紀伊《きい》飯盛山（和歌山県紀《き》の川《かわ》市）で城を築き、楠木正成が攻めて特に戦功があった」とあり、建武元年に紀伊飯盛城の凶徒を楠木正成が攻めたという史料もあることから（延元《えんげん》二年〈建武四、一三三七〉十二月二十四日付三善資連《みよしすけつら》備後《びんご》国太田庄山中郷《おおたのしょうやまなかのごう》寄進状、高野山文書《こうやさんもんじょ》）、先に引用した『太平記』の記述は、建武元年十月の紀伊飯盛山での挙兵のことと考えられる。

顕宝の生年は不明である。顕宝は北条氏の庶流金沢《かねさわ》氏の出身で、鎌倉幕府第十五代執権を務めた金沢貞顕《さだあき》の兄時雄《ときかつ》の子である。姉妹に末期鎌倉幕府の最有力者のひとりであった安達時顕《あだちときあき》の妻がいる。この女性が時顕との間に生んだ娘は、北条高時の正室となった。

東大寺での顕宝は、「関東の一族にて、権勢の門主《もんしゅ》（執権北条氏の一族で、権勢ある住持）」（『太平記』第二巻「主上南都潜幸《しゅじょうなんとせんこう》の事」）であったといわれている。

　鎌倉幕府が滅びた翌年の建武元年四月、顕宝は伊豆修禅寺《いずしゅぜんじ》（静岡県伊豆市）に宛てて願文《がんもん》を作成している（建武元年四月一日付顕宝願文案、神奈川県立金沢文庫保管称名寺《しょうみょうじ》文書）。願文の内容は、神護寺《じんごじ》（京都市右京区）を再興し天下統一を成し遂げた源頼朝の先例にならい、北条氏一門の氏寺修善寺を本来有るべき姿に戻すことを誓ったものである。たとえ自分が先に滅びたとしても、必ずその意志を思い修善寺は再興されるだろう、とも綴られている。願文には判読できない部分があるものの、「心願成就」と書かれていて、顕宝にも叶えたい願いがあったことがわかる。それは、滅ぼされた北条氏一門の再興であったろう。

　そして願文作成から半年後の建武元年十月に、顕宝は挙兵した。僧侶の身である顕宝が一門再興のために選んだ手段は、武力行使であった。

　紀伊飯盛山では、六十谷定尚《むそたさだひさ》らが城に拠って戦っている。顕宝と定尚の関係は明らかではない。六十谷氏は湯浅《ゆあさ》党の一門で、現在の和歌山県和歌山市六十谷を本拠とした。六十谷の近くにある木本荘《きのもとのしょう》（同市木ノ本）は、顕宝が院主を務める東大寺西室院の所領であったので、顕宝も木本荘の名前くらいは知っていたであろう（ただし、木本荘を本拠とした、六十谷氏と同じく湯浅党の木本宗元は六十谷定尚を攻める側であった）。顕宝と紀伊のつながりも判然としない。それでも、顕宝は紀伊で挙兵した。

飯盛山に拠った定尚らは「この城は大変な強敵であり、京都中の心配はただ一つ、この城の事しかありません」（〈建武二年〉正月八日付日静《にちじょう》書状、上総《かずさ》藻原寺《そうげんじ》所蔵金綱集《こんこうしゅう》第六巻裏書《うらがき》）と言われるほどの規模であった。また高野山の衆徒（僧侶）に対し、紀伊国の凶徒退治を命じた綸旨（天皇の命令を伝達する文書）がたびたび下された（〈建武元年十月日〉紀伊国凶徒対治事書、高野山文書）ことから、建武政権が討伐に手こずっていた様子がうかがえる。

建武二年正月晦日、六十谷定尚は討ち取られ、三か月ほどで反乱は鎮圧された。顕宝の行方はわからない。顕宝の想いを記した願文の内容が、現代に伝わるだけである。

参考文献

遠藤基郎「鎌倉中期の東大寺」（GBS実行委員会編『論集　鎌倉期の東大寺復興―重源上人とその周辺―』ザ・グレイトブッダ・シンポジウム論集五、東大寺発行、法藏館発売、二〇〇七年）

佐藤進一『南北朝の動乱』（中央公論新社、二〇〇五年、初出一九六五年）

鈴木由美「建武政権期における反乱―北条与党の乱を中心に―」（『日本社会史研究』一〇〇号、二〇一二年）

平雅行「鎌倉山門派の成立と展開」（『大阪大学大学院文学研究科紀要』四〇、二〇〇〇年）

永井晋「金沢北条氏の系譜」（同『金沢北条氏の研究』八木書店、二〇〇六年、初出一九九八年）

和歌山市史編纂委員会編『和歌山市史　第1巻　自然・原始・古代・中世』（和歌山市、一九九一年）

21　安達泰盛《あだちやすもり》の息子・修道房と霜月騒動《しもつきそうどう》に関する一史料

木下　龍馬

安達泰盛《あだちやすもり》による（とされる）弘安徳政と、その終焉である弘安八年（一二八五）の霜月騒動《しもつきそうどう》は、網野善彦《あみのよしひこ》ら諸研究者からの注目度の高さと、それと裏腹な関係史料の少なさとのコントラストによって、後期鎌倉幕府政治史の難しさを体現している。

さて、安達泰盛の子に、太郎入道修道房という人物がいたことは、意外と知られていない。修道房の事績は以下の史料によって伝わっている（割書・細字個所は「〈　〉」で示した）。

史料1　『峯相記《ほうそうき》』

弘安八年十一月十七日城入道景盛〈泰盛の誤カ〉法師誅罰《ちゅうばつ》セラレ候シ時、彼息〈親不孝〉太郎入道修道房、山ノ里ニ住スル間、守護并地頭御家人押シ寄スル処ニ、兼《かね》テ心得タル間、館ニ火ヲ懸テ落畢《おわん》ヌ。美作国八塔寺ノ山ニ逃籠ルヲ、渋谷一族搦取《からめとり》テ六波羅へ進《まいら》ス。関東〔鎌倉幕府〕ノ計《はから》ヒニテ八歳ノ子息相共ニ一ツ籠《かご》ニ入テ、尼カ崎ノ沖ニ沈ラレ畢ヌ。

これは南北朝期に成立した播磨国の地誌『峯相記』の一節である。播磨国に安達泰盛の息子である「太郎入道修道房」という僧が住んでいたが、霜月騒動の際、幕府側の人間によって捕えられたという。修道房が逃げ込んだ美作国八塔寺は備前・美作・播磨三国の国境にまたがる山寺である。八塔寺の隣接地の美作国河合郷は渋谷氏の所領だったので、現地の渋谷一族に捕まえられたのだろう。修道房とその幼い息子は、ひとつの籠に押し込められて海に沈められてしまった、ということである。

霜月騒動の関係史料と犠牲者は、細川重男「「霜月騒動」再現」において網羅されており、この『峯相記』の一節も典拠としてあげられている。さて今回紹介するのは、細川論文にも挙げられていない、霜月騒動における修道房に関する史料である（改行は「／」、割書・細字個所は「〈　〉」で示した）。

史料2　八坂寺寄進地注文案

校正了

奉寄
　八坂寺地事
一所　城修道房跡
　北霊山口東頬南角〈南北拾肆丈肆尺／東西七丈参尺／参間四面屋壱宇〉
一所　小河左衛門尉跡〈宝治没収〉
　祇園百度大路〈南北伍丈伍寸／東西拾玖丈肆尺〉
一所　山田左衛門入道跡
　雲居寺南大門〈弐戸主肆拾丈〉
裏判
一所　僧仙慶買得之
　高辻室町高辻面〈口伍丈／奥弐拾丈〉
一所　上総律師長承跡〈弘安没収、大塔太政僧都管領〉
　双林寺口北頬釘抜脇〈口東西弐拾壱丈伍尺／奥拾伍丈〉
　壱間四面堂壱宇　参間四面屋壱宇
　五間侍壱宇　六間雑舎壱宇
　弐間車宿壱宇

右寄進如件
永仁四年十月廿七日

これは、永仁四年（一二九六）、京都の法観寺《ほうかんじ》（別名八坂寺。室町期再建の五重塔は「八坂の塔」として東山地域のシンボルである）に対し、鎌倉幕府が寄進した周辺の屋地の目録である。鎌倉時代の古文書を網羅した『鎌倉遺文』には未収であり、東京大学史料編纂所架蔵影写本「法観寺文書」（請求記号 3071.62-186）に収録されている。この「法観寺文書」には、これらの屋地寄進を執行するよう六波羅に命じる同日付の関東御教書案もある。

この目録には、京中の五か所の土地が列挙されている。いずれもこのとき鎌倉幕府が所持していたと考えられる。そのうち四か所に、「〇〇跡」という注記がある。これは、かつて〇〇という人物が知行していた土地という意味である。次に、「宝治没収」「弘安没収」などの注記に注目したい。中世日本では、犯罪者や謀反人の所領は没収される慣習があった。宝治年間には有力御家人の三浦氏が滅ぼされた宝治合戦（宝治元年、一二四七年）が、弘安年間には先ほど述べた霜月騒動が起こっている。反乱が鎮圧されたのち、処罰したものの所領を幕府は大量に没収したであろう。法観寺に幕府が寄進した屋地は、たいていがこのような没収地であったと考えられる。ということは、この目録にあがる人名は、鎌倉時代の歴代戦敗者リストだとも言える。

その筆頭に来るのが、「一所　城修道房跡」である。安達泰盛の一族は嫡流が秋田《あきた》城介《じょうのすけ》の官途を代々称したため、しばしば「城陸奥守泰盛」（『徒然草』）と名字のように「城」の字が使われた。「城修道房」とは『峯相記』に登場する安達泰盛の子息・太郎入道修道房に違いない。修道房は京の霊山《りょうぜん》の近くに屋地を持っており、霜月騒動に連座して処刑された際、幕府に没収されたのであろう。修道房という人物が確かに存在したことを裏付ける一次史料であり、また京における安達一族の活動を示す貴重な史料である。

微力ながら、修道房以外の人名を考証した結果を以下に述べておく。

小河左衛門尉跡〈宝治没収〉

宝治元年（一二四七）の宝治合戦によって没収された屋地であろう。武蔵七党のひとつに多西郡を拠点とした西党があり、その一族に小川氏がある。『承久記』では小川太郎が三浦義村の乳母子として登場し、なおかつ鎌倉中期以後小川氏の活動は見えなくなる。ここから『秋川市史』は、宝治合戦後に三浦氏に連座して没落したのではないかとしている。本史料の「小河左衛門尉」が誰に相当するかは不明だが、『秋川市史』の推測を裏付けるものといえる。

山田左衛門入道跡

不詳。承久の乱で後鳥羽上皇方に加わり幕府と戦った武士に「山田左衛門尉」（『吾妻鏡』承久三年六月三日条）なる人物がいるけれども、決め手を欠く。

僧仙慶買得之

不詳。

上総律師長承跡〈弘安没収、大塔太政僧都管領〉

安達氏の一族であり、霜月騒動で没落した大曽根氏は、上総介を代々官途とし、諱《いみな》に「長」の字を用いることが多かった。「上総律師長承」という名乗りから推測するに、大曽根一族のうち仏門に入った人物が、霜月騒動に連座して屋地を没収されたのではないだろうか。

次に「大塔太政僧都」について。勝野隆信「大塔宮御称号考（上）」によれば、梶井門跡の門流のひとつとして大塔（岡崎に所在。名前は法勝寺の巨大な九重塔に由来する）門流があり、鎌倉期には雲快、顕雲、雲雅、忠雲などが属したという。このうち雲雅は花山院通雅（太政大臣）の子なので、「大塔太政僧都」の通称にふさわしい。徳治二年（一三〇七）の後宇多上皇灌頂のときには法印権大僧都であった（『東宝記』）ので、永仁四年当時に僧都と呼ばれていても不自然ではない。ただ、雲雅には関東での祈祷勤仕などは確認できず、なぜこの所領を管領していたのかは不詳である。

かくして、一次史料によって、安達泰盛の子である修道房の活動を裏付けることができた。霜月騒動関係史料が僅少ななかで、この史料もなにがしかの活用がされれば幸いである。

さて、「修道」という名は、実は別の史料にも登場している。それも、霜月騒動関係史料と縁の深い史料である。『凝然筆梵網戒本疏日珠鈔』の紙背文書には、「霜月騒動自害者注文」などの霜月騒動関係史料が含まれているが、弘安六年の奥書を持つ巻十八の紙背文書に、二月一日付の修道書状（『鎌倉遺文』一五七三九号文書）があるのだ（なお、一九二九年作成の東京大学史料編纂所影写本〈請求記号 3071.62-235〉に基づき、『鎌倉遺文』等ではこれを「熊谷直之氏所蔵文書」としているが、新藤晋海編『凝然大徳事績梗概』〈東大寺教学部、一九七一年〉によれば、『凝然筆梵網戒本疏日珠鈔』巻十八は、川上三雄氏の所蔵となっている）。これは、相模国飯山寺にいる僧「修道」から東大寺の戒壇院に充てて送られた書状である。飯山寺は安達泰盛の庇護下にあった寺院であるから、この「修道」は泰盛の子・修道房と同一人物であると考えたくなるが、「昨年から関東に下ったのですが、思いがけないご縁がありまして飯山寺に入寺したのです」（自去年罷下関東候か、おもひかけぬ付縁にて、飯山に入寺して候也）と「修道」はこの書状で述懐しており、安達一族にしては多少よそよそしい。『峯相記』で修道房が「親不孝」と称されているのと関係する可能性もあるが、ともかく彼が泰盛子息の修道房と同一人物かどうかは、判断保留としておきたい。

参考文献

細川重男「「霜月騒動」再現」(『ぶい&ぶい(無為　無為)』一七、二〇一一年)
勝野隆信「大塔宮御称号考(上)」(『歴史地理』七二(三)、一九三八年)

22　『高野《こうや》春秋《しゅんじゅう》編年《へんねん》輯録《しゅうろく》』と著者懐英《かいえい》

村上　弘子

一　『高野春秋編年輯録』とは

『高野春秋編年輯録』（以下『高野春秋』）という書物をご存じだろうか。高野山の歴史を編年順、すなわち年月順に集めて記録した書物である。書名の「春秋」は中国の五経《ごきょう》のひとつ『春秋』に因む。『春秋』は編年体で書かれ、「春秋」とは年を表すと言われる。高野山の通年史を扱った書物は少なく、他には天保十年（一八三九）仁井田好古《にいだこうこ》編による『紀伊続風土記』しかない。

著者は修禅院懐英《しゅうぜんいんかいえい》（寛永十九年〈一六四二〉～享保十二年〈一七二七〉）。高野山の僧侶で山内のトップである高野山検校《けんぎょう》にまで登りつめた学僧である。当初は快英。天和二年（一六八二）法《ほう》泉院《せんいん》へ入寺。修禅院へ入るのは元禄三年（一六九〇）、懐英と改めるのは元禄十五年だが、本稿では混乱を避けるため、修禅院懐英の表記で統一する。懐英の検校在位期間は享保二年から享保三年。『高野春秋』の執筆開始は貞享元年（一六八四）、完成は享保四年で、扱う範囲は、弘法大師空海が高野山を開創した弘仁七年（八一六）から享保四年までである。それならばこの書物は、高野山内の僧侶、それも検校を務めるほどの学僧が記したもので、少なくとも懐英が生きた時代についての記載は、実情に詳しく信憑性が高いと一般的には考えられるだろう。

しかしながら、『高野春秋』に対する評価はさまざまである。「これまでなかった高野山史をはじめて本格的に編纂した功は大きき」く、「高野山史研究の基本史料の一」とすべきという意見がある一方で、「内容は出典が明記されず、懐英の独断・誤解が多く、（中略）高野山研究史料としては信憑性に欠ける」ともいわれる。実際に読んでみると明らかだが、『高野春秋』にはその記述に著者懐英の思いが強く打ち出されてしまっているのである。それはなぜだろうか。

二　元禄高野騒動

懐英が『高野春秋』を著すきっかけとなった出来事は、江戸時代の学侶方と行人方の権力闘争（本稿では「元禄高野騒動」と表す）である。近世の高野山は、学侶方《がくりょかた》（衆徒《しゅと》）・行人方《ぎょうにんかた》・聖方《ひじりかた》の「高野三方《さんかた》」と呼ばれる三つの組織から成り立っていた。この三者が組織として固まるのは江戸時代になってからだが、その組織化、すなわち近世高野山の成立を語る上で欠かすことができない事件が元禄高野騒動である。

発端は、寛永十六年（一六三九）正月に行人方の僧文殊院応昌《もんじゅいんおうしょう》が学侶方から真言宗四度灌頂《かんじょう》のひとつである堂上灌頂を受けることを拒否されたことから始まる。当初は応昌のみを例外として許可された堂上灌頂だったが、その後学侶方中﨟《ちゅうろう》たちの反対で許可が覆されてしまった。約束を反故にされたことに怒った応昌は行人方僧二五〇〇人を学侶方と絶交させた。学侶方と行人方はそれ以後、各自の由緒とその意見の正しさを主張し、相手方を非難して、争いを続けた。江戸幕府をも巻き込み五十年以上に及んだこの事件は、最終的には元禄五年（一六九二）七月から八月にかけての幕府の裁決によって学侶方の勝利に終わった。行人方は、六〇〇名以上の僧が大隅・薩摩・壱岐など遠方への流罪に処され、一四〇〇余りあった子院もわずか二八〇院を残して取りつぶされた。これにより以後高野山は江戸幕府の配下で学侶方の検校が采配することとなった。

懐英は、騒動が佳境に向かう貞享三年（一六八六）四月、高野山の旧記証文を携えて江戸に向かった。寺社奉行の元で行なわれる学侶方・行人方の対決で学侶方の正統性を証明し、学侶方を優勢に導くためである。そしてそのまま学侶方門主である無量寿院宥算《むりょうじゅいんゆうさん》と宝性院信龍《ほうしょういんしんりゅう》（のちに二六一世検校に就任）の片腕としてこの騒動に関わることになる。したがって懐英の思い入れが人一倍強くなり、学侶方を正当・優位とした見方になることは当然とも言えよう。学侶方が勝利した幕府の裁決を懐英は「聖裁」「聖断」と称して喜びを表している。これは勝利した学侶方側から見た判断であり表現である。この事件を記録し、高野山の学侶中心主義を論証するために著されたのが『高野春秋』なのである。

三　修禅院懐英

ここで改めて懐英の経歴をみてみよう。寛永十九年（一六四二）筑後国（福岡県）久留米に生まれた懐英は、十四歳で祇園寺快応法印に就いて出家、寛文三年（一六六三）春に高野山へ登った。当初は快英舜朝房《しゅんちょうぼう》と名乗り、山内の発光院《はっこういん》秀栄、蓮華三昧院《れんげざんまいいん》秀翁に師事し修学。南都（奈良）へ遊学もしたという。天和二年（一六八二）法泉院へ入寺。元禄三年（一六九〇）、検校信龍の推挙により修禅院へ入り、同十五年に懐英春潮房と改めた。享保二年（一七一七）第二七八世検校に就任。著書は『高野春秋』をはじめ『元禄聖断記』・『高野新続往生伝』・『古今往生拾遺集』・『野山感通伝』・『信長高野攻記』・『高野伽藍院跡考』など多数。この中には現在伝わらないものもあるが、非常に博覧強記であったことがわかる。

懐英が『高野春秋』の執筆を決意したのは、貞享元年（一六八四）に無量寿院門主となった宥算の勧めによるという。騒動が始まったのは懐英の生まれる前であり、懐英が高野山へ登ったときにはすでに開始から二十年以上が過ぎている。懐英は宥算たちからその経緯を聞いたのだろう。

このような理由により、『高野春秋』には学侶方中心という懐英の思いが強く反映された書き方になっている。だが、『高野春秋』を読む際に気づくことはそれだけではない。実は、懐英自身の自慢話も多いのである。例えば、貞享三年四月、先述したように幕府から旧記証文の提出を命じられ、誰を役僧として派遣するか議論した際、「此の役僧、法泉院に若《し》くは無かるべし。在山衆評、これを如何《いかん》。言下に衆議一決して唯々《いい》と称す。仍て法泉院を招く。懐英固持す。満座再三これを強《し》いす。已むことを得ずしてこれを領掌す」とある。ただ役僧に選ばれたと書くのではなく、役僧の適任者は懐英以外にいないと周囲から再三にわたって強く勧められ、やむを得ず役僧となった、と書くのである。また、元禄四年三月、行人方曼荼羅院《まんだらいん》から出火し、千手院谷《せんじゅいんだに》などが焼失する大火災となった。しかし金剛三昧院《こんごうざんまいいん》から以南は、懐英が機転をみせて青巌寺《せいがんじ》の柴伐り人夫四十余名を引率して火炎の通り道にある小坊を壊し、また屋上で衾障子を振り揺るがせて炎を遮ったおかげで無事だったという。自慢話は元禄高野騒動についての記述でも、さりげなくあちこちに記載されている。元禄五年八月、幕府からの上使が高野山へ登山した折に、懐英は一山を代表して案内役を勤めており、上使からその気配りを褒められたという話などである。これらの自慢話は、最初は気になるものの、慣れてくると「ああ、またか」という程度になり、終には、「また書いているよ」と少し微笑ましくもなってくる。

これらの「独断・誤解が多」いと評されるような、懐英の思いのこもった書き方に対しては、読み手である我々が注意を払ってそれを見極め、その中にある事実を抜き出して理解することに努め、自慢話の類もある程度差し引いて客観的に事実をすくい上げるようにすればよいのである。そのようにして、懐英の修飾した枝葉を取り払って『高野春秋』を読むと、近世における高野山の一大事件元禄高野騒動も、学侶方・行人方の動きとともに、幕府や寺社奉行の対応が良くわかる。

四　懐英と往生伝

さて、このままだと懐英とは、政治力のある学僧で、頭は切れるが自慢話が好きな癖のある人物と思われてしまいそうである。しかし懐英の評価はそれだけではない。高野山はこの世の浄土として人びとから崇敬を受け、江戸時代には多くの人びとが参詣した。懐英も、高野山の浄土としての霊場性を追っていた。

懐英の著書とされる『高野新続往生伝』・『古今往生拾遺集』は、現段階ではどちらも現物はみることはできず内容も不明である。しかし、懐英がこれらの往生伝を編集するために、実際に史料を集めたことがわかる。それは、平安時代末期に書かれた『高野山往生伝』の江戸時代の版本のひとつに懐英自筆の書き込みがあるからである。その版本とは、高野山の子院のひとつ増福院《ぞうふくいん》に所蔵されていたものである。

『高野山往生伝』は文治・建久年間（一一八五〜一一九九）に日野法界寺《ほうかいじ》の沙門如寂《にょじゃく》（藤原資《すけ》長《なが》）によって編纂された往生伝で、その特徴は、これまでに出された『日本往生極楽記』（慶《よし》滋保胤《しげのやすたね》）や『続本朝往生伝』（大江匡房《おおえのまさふさ》）など六種の往生伝と違って、高野山一山での往生者に限って記録したという点にある。この編纂には、弘法大師が眠る高野山をこの世の浄土として位置づけたい仏厳坊聖心《ぶつごんぼうしょうしん》や、高野山で修行することで弘法大師の霊威を引き継ぎたいと考えた当時の仁和寺御室《おむろ》たちの意図があった。懐英にとっては、高野山が往生者を輩出するこの世の浄土で、霊場であることを世間に知らしめるための最高の書であっただろう。そして懐英たち学侶方の僧侶は、自分たちこそ弘法大師の教えを受け継ぎ高野山を守る正統な後継者であると考えていた。それゆえに、学侶方主導の正統性を論証するために『高野春秋』を著したように、懐英は、平安時代の『高野山往生伝』を踏まえた往生伝を書くことで、浄土・霊場としての高野山を再び描こうとしたのではないか。

　例えば、建長五年（一二五三）七月二十七日、聖信房湛空《しょうしんぼうたんくう》上人が往生したことを懐英は増福院本に書き込んでいる。湛空は『高野山往生伝』が書かれた後の時代の人物である。これは懐英が書こうとする往生伝のために採集した話かもしれない。『高野春秋』にも湛空の話は載せられている。また懐英は『高野山往生伝』中の往生者の伝承や旧跡を調べている。例えば、検校阿闍梨琳賢《りんけん》（承保元年〈一〇七四〉〜久安六年〈一一五〇〉）について、彼の「左眼玉」が住房であった弥勒院に伝えられ、懐英は直にそれを拝したと書き込みがある。同じく兼海《けんかい》（嘉承二年〈一一〇七〉～久寿二年〈一一五五〉）についても、兼海が建てたという八角堂について、それは現在の六角堂の元か、それとも蓮華谷にある丈六堂がその跡かと記す。懐英が『高野山往生伝』をもとに、往生者たちの旧跡を訪ね、その状況やそれにまつわる伝承を書き込んでくれたおかげで、我々は平安時代の出来事や伝承が江戸時代まで伝えられ、一部は現存していたかもしれないことがわかるのである。増福院にはこの他にも、『日本往生極楽記』や、貞享四年（一六八七）刊行の寂本《じゃくほん》による高野山名僧略伝『野峯名徳伝《やほうめいとくでん》』など、懐英の書き込みがある書物や懐英書写本が残され、所蔵の聖教や古文書類は、現在高野山大学図書館に寄贈されている。

五　『高野春秋』の魅力

これまでみてきたように学侶方の僧である懐英にとって、高野山における学侶の正統性を証明するために書かれた『高野春秋』が、学侶中心の目線からの記述になるのは当然のことであろう。『高野春秋』の記載については他にも「正中二年（一三二五）から大永五年（一五二五）に至る約二百年間の年代錯誤」があるとされるが、それは代々の高野山検校を要素にした記載方式になっているためで、記事の年代を検校の治山年代でおさえて計算しなおすことで、正しい年代を想定しうると指摘されている。『高野春秋』は懐英の思い込みをはずして、現代の我々が客観的な目をもって記述を読み、解釈し、引用すれば、大変有用な史料になる。また、高野山に関わる人物や出来事についてではあるが、その記述が江戸幕府の公式記録である『徳川実紀』とは少し違う部分もあったりして、興味深い。他にも『高野春秋』に載せられる逸話は、検討は必要だが、山内での言い伝えを知ることができる。高野山全体の編年史を扱った史料が少なく、とりわけ近世の高野山についての研究が十分とはいえない現状では、『高野春秋』は非常に貴重な史料のひとつなのである。

参考文献

和多秀乗「高野春秋」（『国史大事典』5、吉川弘文館、一九八五年）
本郷和人「『高野春秋』について」（『遙かなる中世』№6、一九八五年）
『金剛峯寺諸院家析負輯』（続真言宗全書刊行会編『続真言宗全書』三四・三五、一九八八年）
『高野山増福院文庫聖教文書類目録』（高野山大学附属図書館、一九九七年）
日野西眞定編集校訂『新校高野春秋編年輯録』増訂第二版（岩田書院、一九九八年）
拙著『高野山信仰の成立と展開』（雄山閣、二〇〇九年）
拙稿「高野山興山寺雲堂の墓」（日本史史料研究会編『日本史のまめまめしい知識』第一巻、二〇一六年）

23　『黒田家譜』の史料性

渡邊　大門

一　根本史料とは？

近世大名は、自身の家の記録を編纂していることが多い。家譜や系譜などは、その代表である。例としては、熊本藩・細川家の『細川家記』、福岡藩・黒田家の『黒田家譜』などがある。一般的に家譜類は家の「正史」と位置付けられ、家の歴史を知るうえでの根本史料とされている。本稿は、『黒田家譜』を取り上げて検討する。

家譜類の依拠した史料は実にさまざまで、親切なものは参考とした文献を一覧に挙げているものすらある。現在の歴史研究では、一次史料という同時代史料（古文書、古記録など）を根拠として用いるが、古い研究では編纂物が用いられていることが珍しくなかった。

家譜類は名家と称される大名家が作成したので、一般的には信頼できる史料と評価されている。間違いや嘘があるはずがない、と。それゆえ、家譜類は信頼できる史料なのだから、書かれていることはすべて正しい内容であると信じる向きもある。しかし、根本史料（名家に伝わる家譜など）＝正しい内容の史料、という考え方はいささか短絡的であろう。

『黒田家譜』は史料の性格上、中身に誤りが少なくないと指摘されている（後述）。したがって、根本史料というのは、あくまで一つの基準として用いる史料という意味に過ぎない。つまり、一次史料の検証を踏まえ、正しい歴史像を築いていくうえでの一つの基準となる素材が、根本史料たる家譜類ということになろう。家譜類を過信するのは危険である。

二　『黒田家譜』とは？

『黒田家譜』とは、いかなる史料なのであろうか。『黒田家譜』の編纂を行ったのは、江戸前期の儒者、博物学者、庶民教育家として知られる、福岡藩に仕えた学者・貝原益軒《かいばらえきけん》（一六三〇～一七一四）である。少し益軒の履歴をたどることにしよう。

もともと益軒は名は篤信《あつのぶ》、字《あざな》は子誠《しせい》、通称は久兵衛といい、最初の号は損軒であったが、晩年に益軒と改めた。益軒の先祖は吉備津神社（岡山市北区）の神官で、祖父の代から黒田氏に仕えていたという。父は黒田家の右筆役を務め、益軒はその四男として福岡に生まれた。

壮年に至った益軒は、福岡藩に再就職すると、藩費で京都に数年間にわたり留学し、松永尺五《しゃくご》、木下順庵《じゅんあん》らの朱子学者や、中村惕斎《えきさい》、向井元升《げんしょう》らの博物学者と交わることになった。

益軒の著作は実に多く、『黒田家譜』のほか『大和本草《やまとほんぞう》』『養生訓《ようじょうくん》』『和俗童子訓《わぞくどうしくん》』『慎思録《ちんしろく》』『大疑録《たいぎろく》』などがあり、明治には著作集も刊行されている。

益軒に『黒田家譜』の編纂を命じたのは、福岡藩三代藩主の黒田光之（一六二八～一七〇七）であった。光之は二代藩主・忠之の子で、官兵衛（孝高）の子息・長政から見れば孫に当たる。光之は倹約家として知られ、藩の緊縮財政を方針としていたが、一方で益軒を起用して学問の興隆に努めるという一面があった。

光之が益軒に対して、『黒田家譜』の編纂を命じたのは、寛文《かんぶん》十一年（一六七一）のことである。以来、十七年の歳月をかけて、益軒は編纂に従事した。ようやく完成したのは、元禄《げんろく》元年（一六八八）のことであった。その間の史料収集と執筆は、想像を絶する難事業であったと考えられ、その苦労がしのばれるところである。

三　史料的な価値

では、苦労した末に完成した『黒田家譜』の史料的な価値とは、どのように評価されているのであろうか。

黒田家の先祖については、近江佐々木源氏の流れを汲むとされてきたが、いささか確証がないようである。太田浩司氏の研究によると、黒田家が近江佐々木氏の系譜に連なる根拠はなく、現在では疑問視されている（太田：二〇一四）。ほかに『荘厳寺《しょうごんじ》本黒田家略系図』（西脇市・荘厳寺）に基づき、兵庫県西脇市黒田庄町を黒田家の出身地とする説もあるが、こちらも裏付けとなる一次史料がなく、さらに検討が必要である。

家譜類の問題点としては、時間が遡れば遡るほど記述内容の事実関係があやふやになる傾向が強いことである。それは、古い時代になるほど裏付けとなる一次史料が乏しく、どうしても質の劣る史料（あるいは口伝など）に拠らなくてはならない事情があったからだろう。

とりわけ官兵衛の祖父・重隆の項目では、『江源武鑑《こうげんぶかん》』という書物が用いられた形跡がある。『江源武鑑』という書物は、内容の信頼性が乏しいものとして評価されている。同書の著者は佐々木氏郷《うじさと》なる人物で、内容は近江の戦国大名・六角氏について日記形式で著された歴史書である。全十八巻というかなりのボリュームがある。

作者の佐々木氏郷は、沢田源内《げんない》の偽名（あるいはペンネーム）と考えられている。沢田源内は、偽系図の作者としても知られている。現在、『江源武鑑』は内容的に誤りが多く、偽書とさえ言われている。史料の乏しさゆえに、編纂史料として同書を用いたのだろうが、『黒田家譜』の史料的価値を貶《おとし》める一つの要因となっている。

四　黒田氏歴代の顕彰

家譜類の特徴の一つとして、先祖を顕彰するという目的がある。黒田家に即していえば、近世に至って藩内の家中統制を強化しようとする際、家臣の忠誠心を高めるため、いかに黒田家が優れた一族であったかを喧伝する必要があった。それゆえ、『黒田家譜』は歴代当主の都合の悪いことについて、一切触れていないのである。逆に、手放しで賞賛しているのだ。

官兵衛の項目に限っても、『黒田家譜』は全体的に顕彰する傾向が非常に強いといえる。たとえば、官兵衛が誕生した日には雪が降っており、それが英雄の誕生する奇瑞であったとするなどは、その好例であろう。また、出陣していない三木合戦における活躍を捏造したり、近世の兵学に基づいた戦い方を官兵衛が用いるなど、随所に疑問点が見られる（以上、巻之二）。さらに、官兵衛が近世に至って禁止された、キリスト教の信者であったことも書いていない。要するに黒田家にとって、官兵衛は英雄あるいは名君でなくてはならなかったのだ。

さらに、『黒田家譜』は儒学の影響を受けている点が多々見られ、それが個々人の人物評価に繋がっている点も注意すべきであろう。それは、近世における名君像を官兵衛に投影させたものであるといえる。以上の点は、黒田藩主・光之の命によって編纂されたものであるので、止む得ないところかもしれない。それゆえに『黒田家譜』は、かなりバイアスのかかった史料であることに注意をすべきである。

もう一つの問題は、正史と位置付けられながらも、どうしても史実に誤りが見られる点である。たとえば、官兵衛が阿波・淡路に渡海したのは、『黒田家譜』では天正九年になっているが（巻之二）、最近の研究では翌天正十年のことと指摘されている。

五　地の文と古文書の収録

家譜類には、古文書が収録されていることがある。『黒田家譜』には古文書が収録されており、近代的な実証的態度が見られるので、全体の信憑性を高く評価する向きもある。

近代史学においては良質な一次史料を分析し、結論を導き出すスタイルを採るが、『黒田家譜』は決してそうでもなさそうだ。『黒田家譜』のなかには、「黒田家文書」に収録されている古文書、あるいはすでに原本が失われた古文書も記載されている。ところが、『黒田家譜』の地の文は収録された古文書をもとに分析しているとはいえず、あくまで関係している古文書を掲出しているに過ぎない。つまり、『黒田家譜』の地の文は、古文書の詳細な分析をもとに書かれているとはいえないのである。

したがって、『黒田家譜』に古文書が収録されているがゆえに、地の文の記述が正しいとはいえない。地の文の魅力的かつ豊かな記述には明確な根拠が示されていないことが大半で、逆に注意を払う必要があろう。このように『黒田家譜』を全面的に依拠するのは危険であり、用いる際には十分な注意が必要なのである。

近年、二次史料を積極的に用いようとする動きが顕著になり、多少は悪いところに目をつぶってでも、良い（と思われる）部分を評価しようとする傾向が強い（「良い〈と思われる〉部分」というのが主観的な考えにすぎず問題である）。こうした二次史料を行論上の根拠や自説の決定的な論拠に用いるのはいささか躊躇され、より慎重でありたいと考える。

参考文献

川添昭二ほか校訂『新訂黒田家譜　第一巻』（文献出版、一九八三年）
太田浩司「黒田官兵衛の先祖」（小和田哲男監修『黒田官兵衛─豊臣秀吉の天下取りを支えた軍師』宮帯出版社、二〇一四年）
拙著『黒田官兵衛　作られた軍師像』（講談社現代新書、二〇一三年）
拙著『黒田官兵衛・長政の野望─もう一つの関ヶ原─』（角川選書、二〇一三年）

24　江上合戦における戦闘状況について

白峰　旬

江上合戦とは、慶長五年（一六〇〇）十月二十日（太陽暦〈グレゴリオ暦〉では一六〇〇年十一月二十五日）におこった立花宗茂の軍勢（以下、立花勢と略称する）と龍造寺家・鍋島家の軍勢（鍋島直茂・同勝茂など、以下、龍造寺・鍋島勢については敵と略称する）の軍勢が激突した野戦であり、柳川合戦、江上・八院の合戦とも呼ばれる。ちなみに、この合戦では立花宗茂は居城の柳川城からは出撃せず、龍造寺・鍋島勢と戦った立花勢は立花宗茂自身ではなく宗茂の家臣のみであった。

この合戦の実戦記録として、立花勢の中核として戦った小野和泉守（鎮幸）（以下、小野和泉と略称する）が後日申し上げた「覚」があり、『福岡県史・近世史料編・柳川藩初期（上）』八二号文書、『柳川市史・史料編Ⅴ』近世文書（前編）（一三二～一三四頁）に収載されているので、それをもとに、この合戦の戦闘状況を以下に復元する。

▼十月二十日の日の出の頃に、夥《おびただ》しい鉄炮の音がして、先手の安東五郎右衛門・石松安兵衛・千手六之允の三人が鑓を合わせた。小野和泉が備《そなえ》を押し出したところ、敵二〇〇〇〜三〇〇〇が備を乱して崩れたように見えた。これは石松安兵衛・安東五郎右衛門が三手（ママ）（二手ヵ）にて、敵を追い崩したことによる。

▼味方（立花勢）の先手《さきて》を敵に討たせてはどうしようもないと思い、小野和泉が攻めかかったが、先手の石松安兵衛と安東五郎右衛門は二人共に討死《うちじに》した。これは、先手の千手六之允が撤退したので（撤退した理由は不明）、崩れた敵が立て直し、二人（安東五郎右衛門と石松安兵衛）共に討死をしたことによる。

▼それから、敵が三〇〇〇ばかり小野和泉にかかってきたが、小野和泉の備より左の方に三町（約三二七m）ばかり先立って、立花三太夫（統次）が敵と鑓を合わせて、敵の三備を切り崩した。先手の石松安兵衛と安東五郎右衛門が討死をしたため、敵が脇にまわって右の方より横矢《よこや》（側面から矢を射ること）を多く味方（立花勢）に対して討ち掛け（ママ）（射掛けヵ）てきた。このため、味方（立花勢）は大勢損じた（死傷した、という意味か？）。

▼跡備《あとぞなえ》の立花弾正（鎮実）も押し出して敵の四備立を追い崩したが、立花三太夫が討死した

ので、敵はこれに色を直して（盛り返して、という意味か?）取って返した。この時には、小野和泉の備は多人数が損じて（死傷した、という意味か?）おり、小野和泉自身が手負いだったので下知ができなかった。しかし、立花弾正親子は横鑓（敵の側面から鑓で突きかかること）にかかり、敵を三町（約三二七m）程追い崩した。

▼矢嶋左助（重成）も跡備であり、立花弾正と一所にいたが、どのように思ったのか、戦わずに控えていた。新田平右衛門も矢嶋左助と一所にいたが、立花弾正の手の者共が敵に跡を取り切られる（背後を遮断される）のを見て、新田平右衛門は「ひたすらに（敵に）かかられ」と切々と矢嶋左助に言ったが、矢嶋左助は若気で功のない者だったのでかからなかった。

▼小野和泉の手の者共は、或いは討たれ、或いは手負いをして、わずか一四〜一五人になったので、鑓場（戦場）を退くばかりで、立花弾正を助勢することができず、無念ながら立花弾正親子を敵に討たせてしまった。この時、矢嶋左助が敵にかかっていれば、鑓（戦い）は味方（立花勢）の勝利になったはずである。その理由は、この時一二備の敵勢のうち九備まで討ち崩しており、立花弾正の跡に味方（立花勢）の軍勢が五〇〜六〇人続けば、残る敵の三備は何よりたやすく追い崩すことができたはずだからである。

▼新田平右衛門は矢嶋左助を制し兼ね、一人駆けて来て、小野和泉の備より三〇間（約五四・

五m）ばかり先にて、敵の矢にあたり死んだ。そして敵三人が新田平右衛門の首を取るため駆け寄ったのを、新田平右衛門の「内の者」の実藤甚兵衛という者が鑓を取り、三人の敵のうち一人を倒し取り、新田平右衛門の死骸を無事に取った。

▼小野和泉は、今は早くも討死と思い定め、向かってくる者をおがみ打ちにして、横からきた敵を払い切り、一二～一三人程も切り伏せたが、敵が大勢取り掛かり、「和泉を討ち取れ」と十方より声々にわめき、鑓・長刀にて取りかこみ、すでに討死しようとしていたところ、小野和泉の与力《よりき》である丹波左馬、帆足日向、中野大膳、大庭太郎右衛門の四人が真っ先に駆けふさがり、無二無三《むにむさん》に（脇目もふらず）敵と鑓を合わせて、比類のない働きをした。

▼しかし、敵は大勢だったので少しもひるまなかったところ、小野和泉の家来《けらい》の大原市内が身代わりになることを申し出たので、小野和泉の鎧《よろい》・馬を取らせて、この鎧を着て、馬に乗って家来一四～一五騎を前後に引き連れ、一文字に駆け込み、「小野和泉、最期の軍《いくさ》」と名乗り、よく敵五～六人に鑓を合わせ、ついに討死した。そして、思いのほか敵が崩れ去ったので小野和泉は不思議に一命を持ち、（居城がある）蒲池《かまち》まで引き取った。

▼小野和泉はこの年まで六七か所の疵を受けたが、この度は、左の乳の下を二ツ玉にて撃ち抜かれ、そのうえ、すねも撃ち通されたので、（居城がある）蒲池まで引き取る間に、眼がくらんだことが三度だった。しかし、（自分の）与力・家来に力を付けられ、蒲池まで引き

取った。それから加藤清正から小野和泉に対して安否を問う書状が来て、それに返書を出したので、その後、加藤清正より良い外科医を付けられたため、このように本復（全快）した。

こうした戦闘状況を見ると、①十月二十日の日の出頃に、夥しい鉄炮の音を聞いたということは、日の出の時間帯に両軍勢の先手どうしの鉄炮の撃ち合いがあったことを意味する（つまり白兵戦の前に鉄砲の撃ち合いがあった）、②その後は、すさまじい白兵戦にいきなり移行し、主武器としては鑓が多用されたが、刀や馬に関する記載は長刀の記載が一例、馬の記載が二例あるのみなので、刀の使用、馬の使用は限定的だったことがわかる、③味方（立花勢）が敵の横矢の攻撃により大損害を受けたことは、敵が白兵戦の最中に兵科別編成の弓足軽の組（部隊）の集団運用をして大きな戦果をあげたことを示している、④立花弾正の手の者共が、敵に跡を取り切られた（背後を遮断された）のは、兵力数の多い敵が立花勢を包囲して殲滅しようとしていることを意味しており、当時の戦いにおいて背後を遮断する戦術があった点に注意したい、⑤小野和泉は立花弾正を助勢できずに討死させてしまったが、この時、矢嶋左助が敵にかかっていれば味方（立花勢）が勝利したはずである、としていることは、立花弾正に矢嶋左助が後続すれば、敵に背後を遮断されず、立花弾正が討死することもなかった、という意味であり、敵の備を追い崩すためには後続の兵力（この場合、五〇〜六〇人）が必要だったということがわかる、⑥新田平右衛門が「ひたすらに（敵に）かかられ」と切々と矢嶋左助に言ったことからもわかるように、戦場では口頭で指示を出していた、⑦一人（新田平右衛門）が死ぬと、敵三人が駆け寄って首を取ろうとしたことがわかり、当時の合戦における首取りのすさまじい実態がよく理解できる、⑧小野和泉のこれまでの戦歴において、すさまじい負傷体験がよくわかり、今回の負傷でも鉄炮の玉が二か所も貫通しているので本来なら即死であろうが、すごい精神力としか言えない、⑨立花勢について、史料中で確認できる備の位置関係の記載は「先手」と「跡備」であり、そうした軍勢の編成上の区分が合戦時に存在したことがわかる、などの諸点が理解できる。

上記の史料内容全体を読んでわかったこととしては、次のことが言えよう。当時の合戦というのは、刻々と戦況が変わるので、前後の連携がとれないこともあり、前後左右の状況が的確に把握できない（自分も動いて戦っているので）こともあった。立花勢におけるそれぞれの備の動き（戦い）は、それぞれの備を率いる重臣クラスの部将の個別の判断になってくるので、跡備の矢嶋左助のように敵にかかるべき時にかからなかったので、そのことが立花勢の敗北につながった。そして、それぞれの備を率いる重臣クラスの部将のそうした戦況判断のミスが、立花勢の先手のケースのように、その備そのものの崩壊や、その備を率いる重臣クラスの部将の討死（戦死）に直結したことがわかる。その意味では、立花勢全体での統一した軍事指揮系統がなく、その点は近代戦との大きな違いであろう。上記の史料を読むと、最初の鉄炮戦以外はすべてすさまじい白兵戦であったが、白兵戦の最中に敵が兵科別編成部隊（弓足軽組）の集団運用をしたことがわかる。また、立花勢の戦闘状況を見ると、江上合戦は完全な立花勢の負け戦《いくさ》（完敗）だったのであり、そもそも敵との軍勢の数に圧倒的な差があったことは明らかであった。

なお、上記の史料で立花勢が一二備の敵勢のうち九備まで討ち崩した、としている点について、中西豪氏は「立花側が龍造寺・鍋島勢の本陣と目した五反田は実は先手大将・茂里の本陣であり、龍造寺・鍋島勢で戦闘に加入したのは先手から第三陣までの兵力三〇〇〇前後に過ぎず、立花勢は約一三〇〇程度であった」として疑義を呈していることは重要な指摘であり、今後も大いに留意されるべき論点である。

参考文献

『福岡県史・近世史料編・柳川藩初期（上）』（財団法人西日本文化協会、一九八六年）
『柳川市史・史料編Ⅴ・近世文書（前編）』（柳川市、二〇一一年）
中西豪「鍋島父子の関ヶ原―〝龍造寺領国〟存続への試練」（『歴史群像』一三一号、学研パブリッシング、二〇一五年）

25　再建される庚申塔《こうしんとう》

関口　崇史

庚申信仰《こうしんしんこう》は、中国の道教の「三尸《さんし》説」による延命祈願の信仰である。道教では人の体内には上尸《じょうし》・中尸《ちゅうし》・下尸《げし》の三尸の精霊（後に三匹の虫と理解される）がいて、その行動を監視し、庚申の晩、人が寝静まった後に体内を抜け出し、天に上り、天帝にその人の行動を報告する。その際、悪事や罪科が報告されると寿命を縮められると考えられた。ただし、三尸は人が睡眠中でなければ体内を抜け出すことができないため、庚申の夜に徹夜をして三尸による天帝への報告をさせずに長寿を祈願したのである。

日本では、平安時代初期には庚申信仰が伝わっていることが確認され、仏教、神道、民間の様々な信仰や習俗と結びつき成立した信仰である。中国の道教では、庚申の夜は静かに身を慎んで夜をすごせと説くのに対して、日本の貴族社会では、御庚申・庚申御遊《ぎょゆう》・庚申御会と呼ばれる、双六《すごろく》・管弦・歌合《うたあわせ》などを催し、酒を飲んで賑やかに夜を明かしている。鎌倉時代には、庚申信仰は、守庚申《しゅこうしん》・中待《さるまち》・庚申待《こうしんまち》と呼ばれ、幕府を中心として武家社会にも受容されていった。その後、一般にもその信仰は広まっていき、室町時代には庚申待と呼ばれるようになっていった。

室町時代中期になると『庚申因縁記《こうしんいんねんき》』（明応五年〈一四九六〉の成立とされる）といった庚申の由来、庚申待の作法を記す「庚申縁起《こうしんえんぎ》」が成立し、その流布が庚申信仰の全国的広まりに大きく寄与したと考えられている。庚申縁起の内容から、その成立には僧侶や修験者の積極的な関与が指摘されている。

江戸時代、庚申待と称された庚申信仰は、村落、集落を単位とした信仰集団「庚申講《こうしんこう》」が形成され、維持されていく。そして、「庚申講」が行事そのものを表するようにもなっていった。庚申講は僧侶をはじめ、宗教者を指導者とする場合が多く、庚申塔と呼ばれる石造物を造立《ぞうりゅう》してその供養を行っている。『庚申因縁記』によれば、年六回廻ってくる庚申の日を三年間、計一八回の庚申待を一座とする。庚申塔は一座が無事、滞りなく実施されたときに造立されたと考えられている。「供養し奉る、庚申待三ヶ年成就所」（荒川区東尾久　馬捨場跡所在「寛永《かんえい》十五年（一六三八）銘庚申塔」、以下、庚申塔については「東京東部庚申塔データ集成」による）、「庚申三箇年を待ち奉る」（荒川区東尾久　満光寺《まんこうじ》所在「承応《じょうおう》三年（一六五四）銘庚申塔」）、「供養し奉る庚申待ち三年二世悉地《しつじ》成就所」（足立区扇　地蔵堂所在「明暦《めいれき》元年（一六五五）銘庚申塔」）といった江戸時代初期の造立の庚申塔の銘文がそのことを示している。しかし、一方で、庚申塔造立数が急激に増加する寛文《かんぶん》年間（一六六一～七三）以降になると「ここに十ヶ年庚申待ち奉る事」（墨田区東向島《ひがしむこうじま》　子育地蔵堂所在「寛文三年（一六六三）銘庚申塔」）の一〇年、「今日結衆等庚申二座成就」（江戸川区江戸川　誠心寺《じょうしんじ》所在「寛文八年（一六六八）銘庚申塔」）の二座（六年）といった一座にこだわらずに庚申塔の造立事例を確認することができる。

　足立区は中世より庚申信仰が確認される地域であり、庚申塔が二〇〇基以上現存する庚申信仰が非常に盛んな地域である。同区千住一丁目所在の安養院《あんようい ん》には元禄《げんろく》十五年（一七〇二）、寛文四年（一六六四）、寛文十年（一六七〇）明治六年（一八七三）の四基の庚申塔が伝えられている。特に、明治六年（一八七三）の庚申塔は興味深い事例である（写真一）。同塔は、笠付角柱《かさつきかくちゅう》型と呼ばれる形態で、邪鬼《じゃき》を踏みつける青面金剛《しょうめんこんごう》が主尊として刻まれ、その下には、三猿（破損がひどく確認できるのは一部のみ）を刻む庚申塔である。右側面には「貞享三丙寅天、これを建つ、寛延二己巳天、再建す、寛政年中再建す、安政二乙卯天、再建す、明治六癸酉天、再建す」という銘文がある。

　つまり、同庚申塔は、元々は、貞享《じょうきょう》三年（一六八六）に造立された庚申塔が、寛延《かんえん》二年（一七四九）、寛政《かんせい》年中（一七八九～一八〇一）、安政《あんせい》二年（一八五五）の三回の再建を経て、明治六年に再建された庚申塔なのである（以下、再建の庚申塔を「再建塔」と表記）。他にも「享保《きょうほう》十年（一七二五）銘庚申塔」（荒川区南千住　誓願寺《せいがんじ》所在）や「文政《ぶんせい》二年（一八一九）銘庚申塔」（葛飾区金町《かなまち》　葛西神社前路傍所在）といった再建塔があることから庚申塔が再建されること自体は決して珍しいことではなかったかもしれないが、安養院の再建塔のように複数回にわたって再建が繰り返された事例は東京東部一三区の一三二四基の庚申塔のデータを収録する「東京東部庚申塔データ集成」においても当該事例のみである。

本来、一座の供養のために造立されたであろう庚申塔が何故、再建されたのであろうか。それを知る手がかりとなる庚申塔が足立区日の出町　清亮寺《せいりょうじ》所在の「安政二年（一八五五）銘庚申塔」である（写真二）。笠付角柱型であったはずであるが笠は現存しない。しかも、角柱部分は三分断されたものがセメントにより接着された状態である。邪鬼を踏みつける青面金剛、その下に三猿を配するのは安養院の再建塔と同様である。そして、右側面の銘文には「貞享三［　　］寛延二［　　］安政二［　　］再建す」とある。破損により判読不明な個所が多いものの安養院の再建塔の銘文と比較してみれば、清亮寺の庚申塔もまた再建塔であり、この再建塔こそ、安養院の再建塔の一代前の安政二年の再建塔であることが形態、銘文から判明するのである。そして、同塔の状況から明治の再建塔は安政の再建塔の破損したために新たに再建されたものと推測されるのである。推測の域は出ないが、清亮寺の再建塔が造立された

写真１　明治６年銘庚申塔
（東京都足立区安養院）
写真提供＝足立区文化財係

写真２　安政２年銘庚申塔
（東京都足立区清亮寺）
写真提供＝足立区文化財係

安政二年（一八五五）十月には安政の大地震が発生しており、同年の再建はこの地震による被害によるのかもしれない。

安養院・清亮寺の再建塔の銘文はいずれも再建時期のみであり、再建に関与した人々については知る手立てがないのが惜しまれる。また、安養院と清亮寺は宗派が異なる寺院（安養院は真言宗豊山派《ぶざんは》、清亮寺は日蓮宗）にそれぞれ伝えられたのかも不明である。しかし、安養院の再建塔は、貞享三年（一六八六）に造立されて以降、実に二〇〇年もの長きにわたり、彼らの子孫によって庚申講とともに継承され、時には再建という手段で維持されていったという庚申塔の管理の実態を教えてくれる貴重な事例なのである。

参考文献

特別区庚申塔共同調査チーム編「東京東部庚申塔データ集成」（『文化財の保護』四三、二〇一一年）

26　結衆《けっしゅう》寺院の調査と資料の伝来

宮野　純光

一　はじめに

平成二十六年度から二十八年度にかけて科学研究費助成事業（学術研究助成基金助成金）の採択を受け、石川県輪島《わじま》市・鳳珠《ほうす》郡能登《のと》町に所在する真言宗町野《まちの》結衆寺院の調査を実施する機会を得た。ここでは、それ以前に行われた町野結衆の調査によってもたらされている成果に、今回の科研事業による調査の中で得た知識を加えて、結衆寺院における資料の伝来について述べることとしたい。

二　結衆とは

町野結衆は真言宗寺院によるグループの一つで、穴水《あなみず》町を中心とした中居《なかい》結衆、珠洲《すず》市から能登町にかけての木郎《もくろう》結衆とともに奥能登の三結衆の一つとして知られている。ではそもそも

「結衆」とは何であるのか。『日本国語大辞典〔縮刷版〕』第四巻（小学館）の「けっしゅ」の項によれば「あることを目的として集まった団体の構成員」とある。町野結衆などの呼称に用いられている「結衆」の語は、辞書に見られる一般的な構成員という意味だけではなく、江戸時代以降に形成された寺院グループを指す言葉として用いられているのである。江戸時代の幕藩《ばくはん》体制《たいせい》の下で、寺院は本末制度《ほんまつせいど》による統制が進められていく。結衆はその中の末寺《まつじ》間で形成された相互補助組織というべきもので、法会の運営や修学、寺院の経営などの面で協力する存在であったといえよう。町野と同じ高野山真言宗の但馬《たじま》での結衆について述べられた日野西眞定氏によると、「助け合う存在ではあったが、いっぽう監視する立場でもあった。」というご指摘がなされている。これは掟などに違反していないかを相互に見張り、違反があればそれを本寺《ほんじ》へと伝える役割を果たしていたからによるものである。

　こうした近世の寺院組織の一端として組織されていた結衆において、結衆というグループを意識した上での個別の寺院調査は盛んに行われているとは言い難い。先の日野西氏のご研究でも、あくまで本末制度を見る中での一部として触れられているに過ぎないため、本寺側（高野山正智院《しょうちいん》）に残った史料からの考察が中心であり、結衆を構成する寺院の十分な個別調査を踏まえたものとはいえない。結衆を構成する寺院を個別に調査し、それらのデータを蓄積することが結衆寺院の特質を明確にしていくことに繋がっていくものと考える。

三　町野結衆の伝来資料

近年、町野結衆では畠山聡氏を中心として、神奈川大学日本常民文化研究所の常民文化奨励研究の助成を受けて調査・研究が実施されることとなった。平成二十三～二十四年度にかけて実施されたこれらの調査では、町野結衆が共有している関係資料の調査や、涅槃会《ねはんえ》・弘法大師《こうぼうだいし》御影供《みえく》という二つの法会《ほうえ》の構成・内容を中心に調査が実施された。以下、畠山氏による報告書に基づいて見ていきたい。

町野結衆では涅槃会・弘法大師御影供の二大法会に付随する資料群が存在しており、これらには法会の実施に伴って会所《かいしょ》（法会を行う寺院）に順に送られるものと、以前は使用していたが現在は使用されなくなり預け置かれた法具類《ほうぐるい》が確認されている。

涅槃会に関するものでは桐箱に収められた「過去帳《かこちょう》」八冊、法会の際の僧侶の配役を記した「配役帳」二冊、法会の際に本堂に祀る「佛涅槃図《ぶつねはんず》」一幅があり、法会が終わると次の年の会所となる当番寺院に送られる。弘法大師御影供の場合も同様で、「過去帳」八冊、「配役帳」三冊が順に送られていくことになっている。これらはその年々の記録を書き加えたり、追加したりしていく性格のものであり、現在でも順に引き継がれているものである。

一方、町野結衆には、現在は使用されていない共有の法具類がある。調査時には、町野結衆寺院の一つ金蔵寺《こんぞうじ》に預け置かれていた。これらには居箱《すえばこ》、柄香炉《えごうろ》、玉幡《ぎょくばん》、龍頭《りゅうず》、大壇荘厳具《だいだんしょうごんぐ》（大壇の四面に設置する四組の仏具類）、法螺貝《ほらがい》、壁代《かべしろ》、柱巻《はしらまき》、水引《みずひき》、組立式天蓋《くみたてしきてんがい》、三千仏画像《さんぜんぶつがぞう》などが確認されている。調査によれば、会所となる結衆の寺院にこうした法具が調っていない場合に結衆共用の法具類を使用していたが、現在は各寺院での荘厳が調っており、使用されなくなった法具類が特定の寺院に預け置かれることとなった様である。

この様に町野結衆では、二大法会を通して結衆共用の資料や法具が伝えられており、これらは結衆としての伝来資料ということが出来よう。町野ではこうした結衆資料が他と比べても多く残っており、こうした状況も町野結衆の持つ特色を示しているのであろう。

四　町野結衆寺院における資料調査

先に見たような結衆としての伝来資料以外に、結衆に属する寺院には個々に所有する資料群が存在している。そこには寺院の経営に係わる資料、僧侶の修学に係わる資料などがある。これらの資料の残存状況は、個々の寺院によって様々であるが、ここでは全体を通しての特徴を見ておきたい。平成二十六～二十八年にかけての科研事業に因る調査では、町野結衆寺院十三か寺の内、十か寺の所蔵資料調査を実施した。全ての寺院での調査が終了した訳ではないが、資料伝来の特徴を考え得るデータの蓄積を得られた。

調査によるデータ収集では各結衆寺院の所蔵資料リストを制作すると共に、資料上に登場する僧侶名をリストアップしていった。町野の結衆寺院の資料には多くの僧侶の名がみえる。これには所有者を示す手沢者名《しゅたくしゃめい》や奥書《おくがき》などにみえる書写者の名、過去帳に記載される名などが挙げられる。

奥書には年記や寺院名、書写場所などが記載される場合、過去帳には僧侶の略歴・命日などが記されている場合がある。一方、手沢名のように名のみが記される場合、假名《けみょう》（房号《ぼうごう》）や号のみが記されている場合、過去帳の中でも名のみしか記されていない場合もある。それらの記載がある資料のみでは記載されている僧侶について、それ以上の情報を得ることができない。しかし、このような場合には、各寺院資料のデータを集積することにより、他の資料からその僧侶の活動年代や師弟関係、假名との関係などが明らかとなる場合もあり、詳細が知られていない僧侶についての事跡を明らかにすることを可能としていくのである。

五　町野結衆寺院の資料伝来

過去帳に記される僧侶の名はその寺院の住侶《じゅうりょ》や住職が多く見られるが、過去帳を所有する寺院やその寺院の僧侶に関係のある僧侶の名が記される場合があり、記載されている僧侶は必ずしもその寺院の住侶ではない。一方、手沢者名や奥書の書写者の名のある資料はその僧侶に関わりの深い寺院に伝来するのが通常である。町野でも原則はこの様に伝来すると考えられるが、そうでない例も多数確認される。つまり、本来一つの寺院に伝来していることが考えられる一僧侶に関する資料が、結衆の複数の寺院散在しているのである。こうした状況が起こる理由はなんであろうか。以下、可能性を検討してみたい。

・結衆寺院内での僧侶の移動

町野結衆寺院の住職の中には、結衆寺院の中で寺から寺へ移動する僧侶が見られる。移動に関する詳細な資料は現在の所確認していないが、データの収集や過去帳の記載からは明らかである。こうした僧侶達が、それぞれの寺院で書写した典籍・次第《しだい》などを残し、什物《じゅうもつ》に記された銘文《めいぶん》といった形で、自分の足跡を残していく場合があると考えられる。また、逆に前にいた寺院の什物を持って移動したため、別の寺院の什物であったものが移動する例も見られる。

・本人の死後、弟子等が引き継ぐ。

資料の所持者や書写者が亡くなった後、弟子が引き継ぎ、その弟子が居住した寺院に資料が残される場合が想定される。この様な状況は町野結衆に限らず、寺院資料一般に見られるものと考えられる。

・僧侶間での書物や次第の貸し借り

現実には多くあるのではないかと推測できるが、資料上ではあまり確認されにくいものの中に、僧侶間での貸し借りがある。借用し何らかの理由で返却されず移動したままとなるという状況はあり得ると考えられる。町野結衆寺院の一つ金蔵寺に所蔵される『佛説父母恩重経《ぶっせつふぼおんじゅうきょう》』の書き込みには以下のようにある。

起信論講義録《きしんろんこうぎろく》　願成寺《がんじょうじ》貸付／中将姫一代記《ちゅうじょうひめいちだいき》　上日寺《じょうにちじ》貸付／四月五日

この冊子は明治期の金蔵寺の住職であった密守榮源《みつもりえいげん》師が所持していたものである。この書き込みも同師によるものと考えられる。願成寺は能登町時長《ときなが》、上日寺は能登町真脇《まわき》の木郎結衆に属する真言宗寺院である。町野結衆寺院間での例ではないが、この様なやりとりが寺院間で行われていたことを示すものとして興味深い。

六　おわりに

以上、奥能登の真言宗町野結衆を時例に資料の伝来について考察を加えてきた。町野結衆の様な結衆の結びつきが強い結衆寺院では、個々の寺院の調査だけではなく結衆を構成する寺院全体を見て検討することが有効であると考える。今後の結衆寺院調査の継続、他の結衆との比較検討などを通して更なる深化が望まれるのである。

参考文献

畠山聡『神奈川大学日本常民文化研究所調査報告第二十三集　奥能登における真言宗寺院の年中行事を中心とした民俗調査―町野結衆寺院を事例として―』（神奈川大学日本常民文化研究所、二〇一五年一月）
畠山聡「奥能登における真言宗寺院について―町野結衆の年中行事を中心とした民俗調査報告―」（『地方史研究』三六六号、二〇一三年十二月）
日野西眞定「本末・檀家両制度の成立―特に高野山真言宗の場合―」（『高野山信仰史の研究』に所収、岩田書院、二〇一六年六月。初出は一九九〇年三月）
拙稿「奥能登における真言宗寺院の総合調査報告―平成二十六年度の調査結果からみる今後の課題―」（『創造技術教育』第十五巻第一号、金沢工業高等専門学校創造技術教育研究所、二〇一五年八月）
拙稿「中世奥能登の宗教勢力―奥能登の真言寺院―」（『地方史研究』三六四号、二〇一三年八月）

【付記】　本稿はＪＳＰＳ科研費二六三七〇七八四の助成を受けたものである。

27 司馬《しば》遼《りょう》太郎《たろう》と平泉《ひらいずみ》澄《きよし》が語る山崎《やまざき》闇斎《あんさい》

生駒　哲郎

一　はじめに

昨年、日本史史料研究会監修・呉座勇一責任編集で『南朝研究の最前線』（洋泉社）を刊行した。同書は編者の呉座氏を含め総勢十六名の研究者で分担執筆したが、どのような構成で、誰に執筆してもらうかは、すべて呉座氏の選定によっている。まさに氏が描く「南朝研究の最前線」を十六名で執筆したという内容である。

そうしたなか、私が呉座氏から与えられたテーマは、「戦前の南北朝研究がどうなされてきたか」であり、南北朝正閏《せいじゅん》問題や東京帝国大学教授であった平泉澄（一八九五～一九八四）らの皇国史観《こうこくしかん》にも言及するというものであった。私にとっては専門の中世史ではなく近代の史学史の問題であり難解な課題であった。しかし、せっかく選んでもらったので、氏の期待に応えようと自分なりに気合いを入れて書いたところ、不覚にも規定枚数を大幅に超過してしまった。

したがって、内容を整理して呉座氏に原稿を提出したが、氏に更なる修正を求められ、何とか書き直して受理してもらった。

本稿は、その『南朝研究の最前線』の原稿を提出するにあたって自分で削った部分を再度検討しようとするものである。具体的には平泉澄の歴史認識について考察するものであり、天皇を中心にした歴史観である皇国史観について述べるものではない。史料に書かれた史実を現代にどう解釈するかという問題を考えたいのである。

二　司馬遼太郎が語る山崎闇斎

一九九六年刊の司馬遼太郎（一九二三〜九六）著『この国のかたち』（文芸春秋社、本稿では二〇一六年二月第十四刷の文庫本『この国のかたち』五による）には、「不定形の江戸学問」として、朱子学について語られている。そのなかで、司馬は山崎闇斎について次のように述べている。

徳川幕府が明や朝鮮にならって朱子学を正学としたことまでは、同じである。／ただし、科挙の制を用いなかった。／さらには、習俗まで儒教化しなかった。／また幕府は朱子学を正学としつつも、江戸前期までは強制をしなかった。／もう一つ加えると、識字率が高かったため、『論語』などを読む層が庶民にまでおよんだ。

また、科挙の制という規範的なたがなかったため、日本の儒学は本場とくらべて自由――あるいは形態として不定形――だったといえる。

たとえば江戸前期の儒者山崎闇斎（一六一八～八二）がある日、弟子たちに質問した。

「いまかりに、中国から孔子を大将とし、孟子を副大将として数万の軍勢がわが国に攻めてきたとすれば、われら孔猛の道を学ぶ者はどうするのか」

弟子たちがだまっていると、闇斎は、

「大いに戦い、孔猛をひっとらえて国恩に報いねばならぬ。それが孔孟の道である。」

といった。／これも、儒学が不定形だったことの雰囲気から出ている。後日、京都の大儒伊《い》藤東涯《とうとうがい》（一六七〇～一七三六）がこの話をきき、

「幸い、孔子も孟子もこの世にいない人だから」

つまりは言い放題だ、と大笑いした。この東涯の大笑いにも、日本儒学が不定形だった気分がさざめいている。

（／は筆者が加筆。／は引用した書籍では改行していることをあらわす）

中国が孔子を大将とし、孟子を副大将として日本国に攻めてきたら「孔猛の道を学ぶ者」はどう対処するのか。闇斎のこの問いに弟子らは黙った。闇斎は「大いに戦って、孔孟を捕らえ

日本国の国恩にむくいるのが孔孟の道である」と述べたという。この話を後日伊藤東涯が聞いて、「幸い、孔子も孟子もこの世にいない人だから」と笑ったということである。

司馬は、このエピソードを日本人の曖昧さ、江戸学問の不定形さとして語っている。ここで司馬が言う「不定形」さとは、決して悪い意味で用いているのではなく、日本人の持つ「おおらかさ」と換言してもいいのかもしれない。「日本儒学の不定形な歴史をむしろ大いなるものといわざるをえない」と評価する司馬が、その代表的事例として、山崎闇斎のエピソードを語っているのである。

三　平泉澄が語る山崎闇斎

司馬遼太郎が引用する山崎闇斎のエピソードを、皇国史観の代表者と研究者に位置づけられている平泉澄も一九三二年刊の著書『国史学の骨髄』（至文堂）で引用している。それは次のようである。

その闇斎が熱烈なる愛国者であつた事は、孔孟来襲《らいしゅう》の時如何《いかが》と設問した逸話でも、明瞭な事であります。即《すなわ》ち闇斎一日弟子を集めて問うていふやう、「今もし支那から孔子を大将とし孟子を副将とし数萬騎《すうまんき》を率《ひき》ゐて我国へ攻め寄せて来るとすれば、我々孔孟の道を学ぶ者はどうしたらい丶か、」ところが一座の門人みな之《これ》に対して答へる事が出来ず、どうしたらい丶かを却《かえ》って闇斎先生に質問した、その時闇斎先生の答は次の如くであつたと伝えられてゐます。

「不幸にして若《も》し此《こ》の厄《やく》に逢《あ》はゞ、則《すなわ》ち吾黨《とうしん》身に堅《けん》を被り手に鋭《えい》を執《と》り、之《これ》と一戦して孔孟《こうむ》を擒《とりこ》にし、以《もっ》て国恩を報ぜん此れ即ち孔孟の道なり。」

司馬は、江戸時代前期の儒学を「江戸学問の不定形」として、ある意味ユーモアのある闇斎のエピソードという位置づけでこの話を語った。しかし、平泉はそうではない捉え方である。平泉は、闇斎が熱烈なる愛国者であった事例としてこのエピソードを引用しているのである。儒学を志す者は、まさに師である孔子や孟子といえども、敵国の将となって立ちはだかった時には、自国のために武器を持って戦えということである。

平泉は、「国恩を報ぜん」という一文を重要視した。師と弟子という関係、つまり、身内やそれに近い者が敵となった場合でも、自分の国を護《まも》るためには倒せ、という例え話と平泉は受けとめたのである。平泉は、それほどの気構えで臨《のぞ》めというような意味で闇斎は言っている、と考えたのであろう。

司馬と平泉は同じ史料を引用した。しかし、両者の解釈は対極にあると言っても過言ではあるまい。確かに司馬が言うように、江戸時代前期に幕府の学問は制度として整っていなかった。それが、儒学の学派が多数生まれた要因の一つかもしれない。したがって、そうした流れのなかでの江戸時代の朱子学であるという司馬の捉え方は、あながち間違いではない。司馬はこの儒学の傾向を日本人の持つ曖昧さ（司馬が言うところの「江戸学問の不定形」）と考え、山崎闇斎を例にして語った。闇斎がその曖昧さを自覚していたかどうかという問題ではなく、日本人の儒学にたいする自由さとして司馬は語ったのである。これが中国や朝鮮半島であったならば、孔子や孟子を例え話として語るなどということは考えられないことであった、という司馬の解釈であろう。

しかし、闇斎が語るような、儒学を学ぶ者が絶対的な存在である孔子や孟子と敵対することなど実際にはあり得ない。つまり、究極の選択のような状態に陥った時でさえも、自国のために行動しろというのが闇斎の言いたかったことだ、と平泉は解釈したのである。平泉はそれを闇斎の愛国心として讃えているのである。

史実は史実として曲げようがないが、司馬と平泉、それぞれの解釈はやはり対極にあり、それは山崎闇斎の生きた時代から二百年強経過して生まれた者が史実をどう受けとめたかという問題であろう。したがって、どちらの解釈が正しいのか、という答えを導き出すことは難しい。大雑把な括りで言えば、司馬の解釈が戦後を、平泉の解釈が戦前をそれぞれ代表すると言えそうであるが、このようなことを言うと、今度は両者の文章が、両者の意図するところとは別の方向に勝手に歩き出すような気が私にはするのである。

ただ、闇斎の「国恩に報いる」という考え方を考慮すると、平泉の解釈の方が闇斎の意図したところにより近いであろうことは理解できる。私が問題だと思う点は、司馬が闇斎の「国」にたいする考え方を念頭において、または頭の片隅にでもあった上で、「日本の儒学は本場とくらべて自由――あるいは形態として不定形――だった」事例として山崎闇斎を語ったかということである。

ところで、朱子学が林羅山の時から幕府の官学になったという理解は誤りであるという指摘がある（若尾：二〇一五）。しかし、幕藩体制を正当化する思想を構築するため、幕府に儒家が登用されたということは、高校の日本史教科書に現在でも記述されている。ただし、そのことを語る当時の史料はない。

林羅山をことさらに持ち上げ、朱子学を幕藩体制当初から官学であったとするのは、松平《まつだいら》定信《さだのぶ》が編纂《へんさん》を命じた『徳川実紀《とくがわじっき》』（文化六年〈一八〇九〉起稿、嘉永二年〈一八四九〉完成）である。こうした記述は、林家中興の祖とされる林述斎《じゅっさい》が『徳川実紀』編纂の中心であったことによる。朱子学が正学となったのは、林家の私塾が昌平坂学問所《しょうへいざかがくもんじょ》となった時である。

それでは、教科書の記述は何故に江戸幕府当初から朱子学が正学だと記述するのであろうか。

それは、若尾氏の論文によると井上哲次郎《いのうえてつじろう》（一八五五〜一九四四）著の三部作『日本朱子学派之研究』（一九〇五年）、『日本陽明学派之研究』（一九〇〇年）、『日本古学派の研究』（一九〇二年）の枠組みを踏襲しているからだという。

つまり、私たちも含め司馬もまた昭和・平成という時代に、明治時代の枠組みに縛られていたのである。

朱子学は幕府の正学ではなかった。したがって、朱子学は「自由――あるいは形態として不定形――だった」のである。実態はそのような感じなのではないだろうか。

四　平泉澄の歴史認識

平泉澄は自身を儒家や国学者に投影させている面がある、と研究者に指摘されている。それは、肯定的な意味ではなく、歴史学の研究者にあるまじき者という意味での指摘である。肯定的にみるか、否定的にみるかは別にして、確かに平泉は、儒家や国学者にたいする関心が高かった。その点について、以前指摘したことではあるが（生駒：二〇一六）、平泉の歴史認識から考えたい。

平泉は歴史を二つの段階に分けて考えている。まずは、人格・自覚・志《こころざし》のある人にこそ、歴史の発端があるとしている。さらには、歴史の発端がある人でも努力して進歩発展しなければならないというのである。つまり、平泉にとっては過去者全員に歴史があるわけではないのである。これが第一の段階である。

次に、人格・自覚・志ある人が、進歩発展して平泉が言う歴史のある人になったとしても、現代人の認識がなければ意味のないことであるという。しかも、その認識とは、過去にこういう人物がいたことを知っている、などというレベルではなく、その過去者の偉大さを理解するには、現代人も同じレベルでなければならないとする。そうでなければ、本当の意味での過去者の偉大さが理解できないからであるという。認識することで過去の偉人が復活し、復活は「永生の確信」を得ることであり、「永生の確信」が歴史であるというのである。これが第二の段階である。平泉にとっての歴史とはこうした二段階を経たものである。

この平泉の理屈にしたがえば、平泉は自身を山崎闇斎ら後々の国学に繋がっていく人々に自身を重ねていたといえるであろう。つまり、山崎闇斎の偉大さを理解するには、自分も闇斎と同じレベルでなければならない、という理屈なのである。したがって、平泉澄＝儒家・国学者という指摘はあながち間違いではなく、平泉自身も意識していた可能性が大なのである。

五　平泉澄と儒家

さらに、もう一点指摘したいことがある。それは、平泉澄が白山社の別当寺《べっとうじ》であった天台宗平泉寺《へいせんじ》の出身であるということである。平泉は、日本の歴史のなかで明治維新を到達点として最高に評価する。その維新政府によって、神仏分離政策が行われた。平泉の「家」である平泉寺は、政府によって切り離された側、つまり、否定された側なのである。その後の平泉寺は、白山神社（平泉寺《へいせんじ》白山神社《はくさんじんじゃ》）として新たな歴史を刻むことになった。この点は、平泉を理解する上で大きな意味を持つと私は考えている。

というのも、儒家として有名な藤原惺窩《ふじわらのせいか》や山崎闇斎は、もともとは禅（臨済）宗の僧であったからである。彼らは僧から儒家に転身したのであるが、平泉はこのプロセスまでも自身に当てはめているように感じるのである。

さらに言えば、惺窩にしろ、闇斎にしろ、たまたま禅（臨済）宗の僧であったわけではない。日本仏教の宗派のなかで、禅宗のみが儒教の書物を受け入れてきた歴史があるのである。したがって、藤原惺窩や山崎闇斎は、僧という身分を捨てて儒家になったと語られることが多く、それは事実なのであろうが、出家して禅（臨済）宗の僧であったからこそ、儒家になれたという言い方もできるのである。そのことは、林羅山についても同様である。

こうした仏教から儒学へ、そして国学へという大きな流れは、平泉にとって重要であったであろう。何故なら平泉（平泉家）の経歴とこうした大きな流れとは、重なる部分があるからである。

また、禅宗にとっての儒教は、禅を広めるための方便という位置づけである（川本：二〇一五）。さらに別の側面では、為政者が正しく統治してこそ、仏教をその地に広めることができるという理屈であり、そのための儒教の書なのである。本論から脱線するが、戦国武将の政治的ブレーンを務めた例えば安国寺恵瓊《あんこくじえけい》や金地院崇伝《こんちいんすうでん》らは、たまたま禅（臨済）宗の僧であったわけではない。こうした禅宗の歴史を無視すると、彼らの評価が、僧でありながら俗人のような活動をした、というまさに現代人の感覚になってしまう。さらに言えば、戦国武将の子どもが寺に入れられ学問や修行をするのは、宗派で言うと禅宗である。中世に鎌倉五山や京都五山の禅宗寺院が幕府から帰依されたこともたまたまではないのである。

本論からかなり脱線したが、何が言いたいのかというと、平泉は、山崎闇斎の僧から儒家へという経歴と、闇斎の持つ愛国心を評価するが、平泉の独特な歴史認識の仕方があってこその評価であることは考慮する必要がある。しかし、かえってそれが、山崎闇斎にたいする確信を突いた鋭い指摘となっている点は見逃せないのである。

六　おわりに

本稿の結論は何か。実はあまりないのであるが、史料に書かれている史実を現代になってどう位置づけるか。それを、司馬遼太郎と平泉澄とが共に引用する山崎闇斎の記事を例に考えてみた、ということである。

参考文献

司馬遼太郎『この国のかたち』五（文芸春秋〈文庫本〉、一九九九年、本稿は二〇一六年第一四刷による）
平泉澄『国史学の骨髄』（至文堂、一九三二年、本稿は錦正社、一九八九年発行本による）
若尾政希「儒教　江戸儒学とは何だったのか」（『歴史と地理』六九〇号、二〇一五年）
生駒哲郎「戦前の南北朝時代研究と皇国史観」（日本史史料研究会監修・呉座勇一編『南朝研究の最前線』〈洋泉社、二〇一六年〉）
川本慎自「中世禅宗と儒学学習」（『歴史と地理』六八九号、二〇一五年）

28　松平家忠《まつだいらいえただ》の日常

―「家忠日記」の原本の読み解きから―

大嶌　聖子

一　はじめに

松平家忠《まつだいらいえただ》（弘治元年〈一五五五〉～慶長五年〈一六〇〇〉）が書き残した「家忠日記」は、原本が伝存する（駒澤大学図書館所蔵）。日記の冒頭と末尾は断簡の状態であることから、記事の年月日の比定が必要であり、検討が加えられてきた。冒頭の記事群のうち、再検討を要する部分がある。今回は、この検討を糸口に記事を紐解き、家忠の日常の一側面を描き出していきたい。

二　冒頭の記事

該当部分は、日付が最初に残存している箇所である。この部分は丁の半分が欠損し、残された記事も判読が困難な文字もある。この丁には二日分の日付が残る。日付は、刊行された段階

（竹内理三編『続史料大成　家忠日記』）で十四・十五日と比定され、続く天正五年十月の記事に隣り合わせて翻刻された。また前稿（大嶌B）で、日付を十四日・十五日とし十干十二支から天正元年七月と比定したものの、江戸時代の写本では、この丁は写し取られておらず、天正五年十月の記事とは別の記事と判断されていた可能性も窺え、両日の日付の見直しの必要があると考えた。

「家忠日記」全体の漢数字を追い、十四・十五日と判読された部分の原本を見直してみよう。一見「十四」と見える漢数字は、別の可能性が浮上し、それは「九」であると気付く。つづく「十五」と読まれていた数字の終わりは、上部から真っ直ぐ下に向かって降りて、「日」の文字へつながる書き方をしている。日付の漢数字を見ていくと、五はこのように真っ直ぐに下には繋げていないことがわかる。このような書き方をする漢数字はいくつかあるが、前日が九日とすれば「十」となる。じつは、この九・十日という日付は岩澤氏がすでに指摘されている読み方である。ただし、年月の見直し作業も行う必要があろう。

二日間の十干十二支は「壬辰」と「癸巳」と判読できる。日記の始まりは永禄十一年正月であることが判明しているため、これ以降、次の記事が始まる天正五年十月までにあたる。この間で該当する二日間は、

Ⅰ　元亀三年九月九日・十日

Ⅱ　天正五年十月九日・十日に限られる。判断する材料は、記事の中にある。九日は番に関する記事である。十日は紙の端にあり、記事が欠損しているものの、冒頭に「鷹」の文字を読むことができ、その下には「野」の文字の残画がある。この二文字を判読できたことは、この下に続く記事も想定できる。それは、日記全体を見ると、記事には書き方があり、規則性をもって書いていたことが理解できるからである。十日の記事は、「鷹野《たかの》にいて候」と書かれた可能性が高い。家忠が鷹野、すなわち鷹狩《たかがり》に出かけた記事である。

　日記の冒頭から記事を追っていくと、家忠はある時期まで鷹狩によく出かけている。十日の記事は、鷹狩の記事の初見といえる。鷹狩の記事が一番多く書かれた天正八年は、正月から三月、十一月に記事が見える。この年、十一月から十二月にかけて連日のように普請が続いた。前年天正七年の暮れの時期のようには鷹狩には出かけていないものの、十一月二十六・二十七日は普請の合間に鷹狩に出かけたと見られ、普請と鷹狩が珍しく同日に書かれている。余程、鷹狩に出かけたかったのだろうか。このように家忠は鷹狩を晩冬から春先にかけて行っていたことがわかる。本格的に鷹狩を始めるのは十一月であるものの、天正五年は閏七月があり、十月に記事が書かれても問題ないと考えられ、この点からも年月日はⅡに比定できるだろう。

　先に触れた写本については、作成された段階ですでに原本が断簡となっていたことが想定され、そのため写し取られなかったと考えられよう。

つぎは、記事の中から、鷹狩に関する記事をもう少しみてみよう。そこからひろがる家忠の日常を垣間見てみたいと思う。

三　家忠と鷹狩

家忠が仕えた徳川家康も、鷹狩を好んで行った。「家忠日記」にも家康の鷹狩のことが書かれており、家康が家忠へ鷹（「はいたか」）を贈る記事（天正七年十一月八日条）や、頻繁に鷹狩での獲物を贈った記事がみられる。

家忠の鷹狩の記事は、折々に恒常的にみられる。しかし、家忠は天正十年以降、しばらくの間、鷹狩に出かけなくなる。このことに注目してみよう。

家康の大鷹が飛び立ったまま、戻らなかった記事が天正十年に書かれている。正月二十六日、その大鷹探索に鵜殿善六《うどのぜんろく》が深溝（愛知県幸田町）の家忠を訪ねてきた。翌二十七日には鷹の探索に家康の小姓衆《こしょうしゅう》も浜松から来訪し、家忠は彼らに振る舞いをしている。二十八日、結局鷹は吉良に居ることがわかって、探索の衆は岡崎へ向かったという。三十日には、家忠自身の鷹がまたもや飛んで行ってしまった記事が書かれた。原本を見ると、当初二十九日に記事は書かれたが、三十日の出来事として訂正されている。

月がかわり二月一日、また鵜殿善六が来訪した。これも鷹の探索のためであった。同日、中嶋へ浜松の鷹師《たかし》木村が向かっている。家康の鷹師丹羽《にわ》隼人《はやと》も中嶋へ使いに向かった。家忠は、二月二日も家中に鷹を探索させた。そのような中で、同日、家忠は家康から鷹狩の獲物の雁を下賜《かし》され、翌日三日にはその御礼として浜松へ家中の小六右衛門《ころくえもん》を使者として向かわせた。この日も家忠は例の鷹を探すよう家中に命令した。四日になると、また木村が深溝にやってきて、今日だけは何とか鷹を探してほしいということであった。五日には、鵜殿が浜松へ帰って行った。記事の様子からして、結局、探索中であった鷹は見つからなかったのだろう。この日は、御礼の使者小六右衛門が浜松から帰城した。家忠にしてみれば、家康の大鷹のことで振り回された十日余りの日々であった。

実は、この間に家忠は自分の鷹のことでも問題が起きていた。ほぼ一か月前の天正九年暮れの十二月二十六日、家忠が頻繁に鷹狩に訪れる中嶋から連絡があり、二十四日に隼《はやぶさ》を捕らえたという知らせであった。ところが隼は、年明け早々、「足尾《あしお》（緒）」を解き逃げ去ってしまった。そして先にも触れたように正月三十日、またもや家忠の鷹が戻らなかった。家康の大鷹と家忠の鷹とが戻らないということが重なったのである。

二月十日、家忠は家康から贈られた鷹狩の獲物を家中に振る舞った。その後は、この年は家忠の鷹狩に関する記事がない。翌十一年は閏正月二十五日に隼が雁をとったことを記すものの、翌々日には隼を桜井七十郎に貸してしまう。天正十年正月の家康の大鷹探索や自身の鷹が行方不明になったことがきっかけで余程、鷹狩に懲りたのだろうか、鳥屋《とや》で鷹が捕獲された時（天正十一年九月十七日）もそれを贈ってしまい、家康から鷹の贈答があっても（天正十三年閏八月十七日・閏八月二十二日条など）、家忠は鷹狩を本格的に再開することはなかった。

家忠は鳥屋を持っていた。九月ないし十月頃、鳥屋の記事を書いている。鳥屋は数か所あり、深溝・西深溝、「八幡うえ（上）」などとみえる。「はいたか」や、はい鷹の雄「このり」、「つみ（雀鷹）」など、鷹が小屋に留まったことが書かれた。

ほかにも、深溝へ家康の鷹師が定期的に訪れている。ほとんどが二人組での訪問で、来訪と帰参とを書いている場合と、来訪時のみの場合がある。帰参の記事がない時は、家忠が外出時に当たったのであろう。来訪時期は二～三月頃、年によっては五月、また七～八月の時期、さらに十月～十一月というように、一年に何度か記事が見える。深溝に鷹師らは滞在し、活動していたとみられる。定期的に鷹師が訪れていること、大鷹の探索を深溝で行っていることからも、深溝周辺は鷹の繁殖地・生息地のひとつであったとみられる。

四　家忠と川狩

鷹狩を行わなかった時期、じつは家忠は川狩《かわがり》に傾倒していた。

家忠の川狩の初見記事は天正五年十一月十日条であり、「ながら（永良）」の長池で家忠は「白なわ」で漁を行っている。これは延縄《はえなわ》の漁であったとみられ、鯉を三十三匹捕ったと記事にある。川狩の場所が明記されている場合、小美（愛知県岡崎市）、中嶋おその池、長池（愛知県西尾市）といった所がみられる。場所が記されないときは、深溝の近所であったとみられる。川狩は雨続きのあとで出かけることが多く、増水後の獲物を狙ったことがわかる。

川狩で注目すべきは、鷹狩を行わなくなった翌十一年十月に家忠が網を新調したことである。十月二十七日、幡豆（愛知県西尾市）から「大あみ」を取り寄せる約束をし、永良（同市）へ出かけるものの、頼んだ網は注文と違った種類で、いったん深溝へ帰った。月がかわり十一月一日に幡豆から永良へ網がひいて届けられ、さっそく網を引かせた。新しい網は獲物にも大きな変化をもたらすことになった。それまで獲物であった鯉の収穫量が増え、獲物に鮒も加わった。天正十五年九月七日にはまた網を新調している。

川狩に親しんでいた家忠は、しばらく中断していた鷹狩をまた始めることになる。中断の間、一度だけ中嶋で鷹狩は行われている（天正十二年）。翌日は中嶋の長池で網を引かせているので、この頃の家忠にとっては川狩が中心にあり、この時は、鷹狩はついでに行ったという意味合いが強かったと思われる。

五　また鷹狩へ

鷹狩再開は、天正十六年のことである。家忠は家康から鷹を贈られても、度々鷹狩の獲物の鳥の贈答があっても、鷹狩に復帰しなかった。ところがこの年は、鳥屋に鷹が留まったことにも目が向き、鷹狩の準備を始めていたようである。周辺の記事に注目してみると、子息の猿千《ち》代《よ》（忠利《ただとし》）が鎗を貰う（同年閏五月十日）、馬を贈られる（同年十月十三日）などの記事がみえ、猿千代の成長に伴って鷹狩を再開しようと考えたのだろうか、この年は数回にわたり鷹狩に出かけた。ところが、この年またも家康の鷹が逃げ出してしまう（十一月二十四日）。松崎で鷹は発見された。翌年から、鷹狩の記事はまたみられなくなる。

六　まとめにかえて

家忠は鷹狩や川狩の季節が来ると、戦や普請などがなければ鷹狩や川狩に出かけている。逆に普請が続いたり、あるいは転戦している記事が続くような場合は、概して鷹狩や川狩の記事がない。これは、家忠にとって、鷹狩や川狩が普請や戦いとは別の次元にあったことを示唆している。本稿の後半では、鷹狩とのかかわりを家忠の心境に着目して考えてみた。こうしたことが可能であったことは、家忠にとって鷹狩が日常の時間の中にあったことを意味していよう。

だからこそ、家忠は鷹狩から川狩へと軸足をシフトするような選択をできたのである。

参考文献

竹内理三編『続史料大成　家忠日記』全二冊（臨川書店、一九六七年）、同編『増補続史料大成　家忠日記』（臨川書店、一九七九年）
岩澤愿彦「家忠日記の原本について」（『東京大学史料編纂所報』第二号、一九六七年）
大嶌聖子A「『家忠日記』の末尾記事」（『ぶい＆ぶい（無為　無為）』第一六号、二〇一〇年）
大嶌聖子B「『家忠日記』の冒頭記事」（『ぶい＆ぶい（無為　無為）』第一二号、二〇一一年）

29　『ロドリゲス日本大文典』における書札礼《しょさつれい》からみた仏教界

小野澤　眞

『日本大文典』通称『ロドリゲス日本大文典』は、ポルトガルのイエズス会宣教師João Rodriguezが著し、長崎で慶長九～十三年（一六〇四～八）刊行された三冊の本である（名前のとおり、『日本小文典』も存在する。ただし質・量は大文典には及ばない）。内容は日本語の文法書で、口語を中心に文語や書札礼などを幅広く扱っている。同時代の『日葡辞書』ならば時に日本史研究で引用されることはあるが、『日本大文典』の知名度は低い。試みにciniiで「日本大文典」の語を検索してみると二六件がヒットするが、その全てが国語学や言語学に関わるものである。不肖筆者も国文学者金井清光氏の文章で初めて知った程度で、版本を披見したことはなかった。一〇年以上前、別件で国語学の教授の研究室に出入りしていた際にたまたま三省堂版をみかけ、手にとってその内容の博捜ぶりに驚いたのであった。その後博士論文にて三行だけとりあげ

『中世時衆史の研究』（八木書店、二〇一二年六月）として上梓したが、筆者の専門たる時衆研究のみならず日本宗教史学界でももう少し着目されてもよかろうと考え、改めてここで紹介するものである。なお本稿では土井忠生訳註『日本大文典』（三省堂出版、一九五五年三月）を底本とする。

中世社会における仏教の区分は、「顕・密」とその他であった。顕密は奈良仏教である南都六《りく》宗の倶舎・成実・律・法相・三論・華厳宗と平安仏教である天台・真言宗である。八宗ともよばれ、朝廷から律令制・僧尼令に基づく官許を受けた宗派として仏教界に屹立し、鎌倉時代以降に隆盛した禅宗・浄土宗などは、正統である顕密に対する異端として種々雑多な扱いを受けたのであった。このことは東大寺の学僧凝然の文永五年（一二六八）『八宗綱要』にまとめられており、書名は「八宗」だが禅宗・浄土宗を附録とする一〇宗がとりあげられている。したがって顕密八宗が正統である以上、一〇宗を網羅した区分法は中世社会に存在はしていなかった。あえていえば「顕密」＋「禅律念仏」というのが一〇宗をさす言い回しになろう。もっとも、この「禅律念仏」という言い方を用いたのも日蓮くらいで、ほかに「禅律方」「禅律奉行」といった職制が室町幕府に存在する程度であった。その日蓮は「念仏無間、禅天魔、真言亡国、律国賊」という四箇格言で知られる。これに日蓮自身の「法華」（天台宗を含む）を入れた五類型が「顕密禅律念仏」に等しい当時の仏教界の謂になろう。現代のわれわれほど、中世の宗派意識は截然としていなかったのである。

一方で仏教界の区分としては教相判釈、略して教判というものが古来行われてきた。これにより自己の教団を釈尊以来の本流の仏教教団として位置づける作業である。天台宗の「五時八教」説が有名である。ほかに例えば法然浄土宗は仏教を聖道門↕浄土門に二分し浄土門をさらに正行↕雑行に分け、正行をさらに正定業↕助業に分け、称名を正定業とすることで自らのあるべき道を指し示したのである（より精確には教判というより選択《せんちゃく》だが）。また入宋僧ら禅宗や律宗、念仏宗の一部の人々は、中国南宋由来の「禅・教・律」という三区分を提示することによって顕密に留まらない自らの新しさを主張したと大塚紀弘氏は指摘している。大変示唆に富むが、中世社会にどれほど浸透していたかは別の問題となる。

では『日本大文典』をみてみよう。第三巻に「書状の各部分とその礼法に就いて」という章があり、その中に「日本の〝出家〟（Xucques）及び〝坊主〟（Bonzos）へ贈る書状の礼法に就いて」という節がある。そこに挙げられているのが、「聖家」「禅家」「遊行（上人）」の三種なのである。見出しは次のとおり。

「〝聖家〟（xǒque）に就いて」

「〝禅家〟（Ienque）、即ち、〝禅宗〟（Ienxus）の僧」

「〝遊行〟（YVGVIŏ）、又は、〝上人〟（XŏNIN）に就いて」

書札礼と仏教界の区分は直接関係ないのではないかという疑念も当然出されよう。しかし前近代社会において書札礼はもっとも保守性の強い儀礼秩序の一つであり、それがまったく異なるというのはすなわち集団としての一体性も異なる、とみなすべきなのである。事実、本文にも「〝坊主〟（Bŏzos）は〝聖道〟（Xŏdŏ）、又は〝聖家〟（xŏque）と〝禅家〟（Iĕque）との二家に分かれてゐて、初のには〝天台〟（Tendai）、〝真言〟（Xingŏ）などの八宗がすべて含まれる。」とはっきり書かれている（さらに「遊行」＝時衆についてはここで定義すらされていないことに注意）。「禅家」と「遊行（上人）」とが伝統的な「聖家」とは異質な社会集団であるということになる。体制に認められた八宗と新興の禅宗、そして上人号をアイテムとした時衆聖たち異端の半僧半俗の宗教者がもののみごとに三類型として表現されているのである。

書札礼の具体的内容は同書をみていただくとして、筆者の専門たる時衆研究から附言したい。時衆の書札礼は林譲「他阿弥陀仏から他阿弥陀佛へ―遊行上人書状の書札礼―」日本歴史学会編集『日本歴史』第六一〇号（吉川弘文館、一九九九年三月）に詳しい。林説は差出・充所の人名の「某阿弥陀仏」の「仏」の字が正字か否かに着目し、厚礼か薄礼かを見分けるものである。各地の金石文の人名に頻出するので、是非とも参考にしていただきたい。『日本大文典』に挙げられた書札礼はそのことではなく充所の文言が示されている。『日本大文典』が出版された長崎周辺に藤沢派遊行上人の時衆道場はなく、大坂城下にもない（堺には一寺あるが零細である）。遊行上人は京都七条道場を拠点としており、また『日本大文典』の文例に京都四条上人も出てくるため、京都でえた情報だったようである。

このように『日本大文典』にせよ『日葡辞書』にせよ外部の人間が当時の息づかいをそのまま真空パックで現代に遺したような新鮮なものがある。生活史というのはあたり前すぎて文字記録には遺らないものだが、外国人の史料ゆえに書き留められたのである。同時代の日本人が書き記したものとはまたひと味違う色合いが刺戟的である（『日本大文典』第二巻までは純粋な文法書の様相が濃いので無味乾燥かもしれないが、第三巻は助数詞や書札礼が渾然としていて興味深い事例が列挙されている）。例えば「慶長」の発音は旧仮名遣い「ケイチヤウ」に近い「キヤウチヤウ（kyǒuchǒu）」であったことがわかる。いろいろなヒントがえられる書として、まずは図書館にて一度瞥見されることをお勧めしたい。

『日本史のまめまめしい知識 第1巻』感想文

歴史の楽しみ

日吉　伸介
（男性・50代）

『日本史のまめまめしい知識』は、歴史学の最前線で活動している三十三人の研究者による短編集です。一編の分量は原稿用紙十枚ほど。コラムや研究ノートなど形式はさまざまで、扱う時代も体裁もバラバラです。序によれば統一性を設けないのが特徴らしく、筆者自身の関心に基づいて、歴史という重箱の隅を突いてもらうのが狙いだそうです。

さて、歴史の本を読む楽しみはそれぞれあるでしょうが、私にとっては過去との対話ということになります。五〇〇〇年、一〇〇〇年という時を経て伝えられたエピソード、それらは今と全く異なる考えに基づくものもあれば、少しも変わらないものもある。「違っている」ことに、時の経過を想い、「同じである」ことに、受け継がれてきたものを感じ取ることができます。その視点で本書を読んでいくと、「違っている」面白さを示してくれるのは関口崇史氏の『「伺《うかがい》討《うち》」考』です。

「訴え無くんば検断なし」

文永四年（一二六七）八月、肥前国住人

石塚寂然《じゃくねん》は京に来ていました。物見遊山ではなく、訴えられての上洛です。自国荘園の境界について深堀時光という人物から訴状が出され、召喚を受けたようです。この時代の裁判は、訴えた訴人《そにん》と訴えられた論人《ろんじん》が文書で相論するという仕組みで、論人はまず裁判書類を受け取りに赴く必要がありました。しかし何と、訴人深堀は手の者を使い、密かに京滞在中の彼の殺害を企てます。果たして寂然の運命や如何に…。

関口氏はこの事件を、「石塚寂然申状」の要約として紹介しています。さらに南北朝期の諺「獄前の死人、訴え無くんば検断なし」を引用し、同様の認識がすでに鎌倉期に存在した可能性を、慎重な言い廻しで指摘しています。故国を遠く離れた他郷で殺されれば、寂然の死を訴え出る者はいない。論人不在となった相論は自ずと訴人の勝ちになる、深堀はそう考えたのかもしれないと。

「たとえ牢獄の前に死体が転がっていても、訴訟にならなければ動かない」。これは紛争介入に際しての、当時の公権力の姿勢を表すものとされます。もし寂然が殺されても誰かが訴え出ない限り、骸《むくろ》として処理されるほかなかった。なかなか凄まじい話です。が、もう一つ、例えばこうした形で命を落とした者の一族が裁判によらず私的に、つまり暴力で問題解決を図るというのも、また極めて一般的だったように思います。文中の寂然の言葉からは、身を守る術が脆弱だったこの時代を生きる人々の心情が伝わってきます。

死に対する扱いの変容

一方、「今と同じ」感覚は『命日の仇討』（呉座勇一氏）でしょうか。観応の擾乱の際、足利直義の家臣によって殺害された高師直一族の復讐のため、兄尊氏が直義を毒殺したという『太平記』の記述をめぐる考察です。『太平記』は殺害を仄めかしているだけで真相は不明ですが、支持する研究者は多いのだそうです。命日がともに二月二十六日で、尊氏が意図してその日を選んだという理由から。呉座氏は事実か否かを検討する材料の一つとして、中世に命日の仇討が行われていたことを伺わせる事例を『大乗院寺社雑事記』から紹介しています。

これは違和感なく受けとれます。「弔い合戦」などという類似の表現も普通に耳にします。殺生を禁断とする仏教の教義からすれば、祥月命日と仇討は一見相容れない気もしますが、争乱が常態だった時代に、供養の形として人々に受容されていったのでしょう。

試みに『日本国語大辞典』で仇討をひくと「主君、親、夫などが殺された時、その家臣、子、妻などが殺害者を殺して仇を返すこと」とあります。これは近世以降の定義のようで、他の関係は、逆を含め不可だったようです。訴えがなければ捨て置かれていた時代から、細かい規制を受ける時代まで、死に対する扱いの変容がみてとれます。

歴史に向き合う新しい楽しみ

生病老死という人のライフイベントから、「死」をキーワードに本書二編の読後感想を書いてみました。ほかにも、当時の人さえ意味を忘れてしまっている慣習の話（『葬送儀礼のアマガツについて―出来事としての解釈―』的場匠平氏）など、興味深い論考が並んでいます。

冒頭歴史の楽しみを過去との対話と書きましたが、これまで私にできたのは読書によって追体験することだけでした。最近そこに新しい楽しみが加わりました。下知状・中状・日記といった一次史料を読むことでです。近頃中世文書の購読講座が多く開かれ、私のような素人も触れられるようになっています。一字一句確認しながら意味を追っていく作業は非常に手間がかかりますが、古の人と直接対話する面白さは格別です。

講座では同時に、史料を厳密に読んでいくことの重要性も痛感しています。字面を追うだけでは見えてこないことがいかに多いか。本書も、各筆者のそうした所作から成り立っていることが感じとれます。研究者に対する畏敬の念を新たにしている、それが率直な読後感です。

『家康研究の最前線』を読んで

有川　淳一（男性・50代）

私は福岡県北九州市に住んでいます。過去にも自分なりのテーマで研究をしようとした時期がありましたが、いろいろな理由で挫折。近年再度そういう気持ちになってきた時にインターネットを利用すると、首都圏や関西で行われる講演会、学会などの情報をつかみ、参加できることに気づきました。またSNSの世界などで同好の仲間を得ることも出来ました。

私の研究テーマは豊臣秀吉時代の北九州の小倉城主毛利吉成・勝永（吉政）父子の事績を追うことでしたが、この父子は大河ドラマ『軍師　官兵衛』、『真田丸』の主人公や登場人物との関連が深く、活躍の舞台もかぶるということで、今まで見ることの出来なかった二人についての史料なども博物館などの展示、研究の著作で見る機会を多く得ました。また私の研究成果も少し活用いただく形で、SNSで知り合った歴史ライター今福匡氏が『真田より活躍した男毛利勝永』（宮帯出版社）を出版。幸いにも予想を上回る好評を得て、毛利父子についても前より知られるようになりました。このような活動の中でも日本史史料研究会の研究会、研究講座、古文書講座には大変お世話になってきました。

少し前置きが長くなりましたが、『家康研究の最前線』は同じタイトルでの『信長研究の最前線』、『秀吉研究の最前線』（いずれも渡邊大門編）を締めくくる物として待望されていました。

この著作には類書として、一年前に渡邊大門編『家康伝説の嘘』（柏書房）が出ています。こちらは家康にまつわる政治史に関係した、一般的にも関心の深いテーマを選び、こちらも最前線の研究者が執筆しています。正直この本に先を越されてこちらはどうなのだろうと思っていました。

しかし私ごときが心配するには及びませんでした。『家康伝説の嘘』が家康の生涯を彩る華々しいテーマで進められているのに対し、『家康研究の最前線』はより踏み込んだ形で、人間家康を理解するために必要な視点からテーマ設定がされ、『家康伝説の嘘』と大きくかぶることがなく、両者とも家康を学ぶ入門書として必読の物となっています。

「はじめに――家康の伝記と松平・徳川中心史観をめぐって」では編者が松平・徳川の研究史をわかりやすく解説し、これからこのテーマを志す者はどう臨めば良いのかその出発点を示してくれています。

第一部戦国大名への道では四本の論考、村岡幹生氏は松平氏の伝説の誤り、史実として考えられること、中でも祖父清康の名将説を否定しています。

編者平野明夫氏は第一部の論考では家康の父の広忠は織田、今川両者を同時に敵に回し、織田信秀に降伏した時期があること、家康は尾張から駿府に移る間に今橋（吉田）に長くいたという、衝撃的な話を書いています。

そして本多、柴、丸島氏たちの間で論争となっている家康の今川氏からの完全な自立の時期のことについて最新成果を書かれています。

安藤弥氏は三河領国化の重要契機である「三河一向一揆」について家康視点、本願寺門徒視点から論じています。

堀江登志実氏は家康家臣団や「三備」体制、「附人・与力」について説明しています。

第二部戦国大名徳川家康では三本の論考、遠藤英弥氏は家康と今川氏真との関係、「氏真愚将論」の誤りを書かれています。

第二部では編者平野明夫氏が家康と織田、武田、上杉との独自外交について書いています。清州同盟とは呼ぶには不適切な織徳（尾三）同盟の三つの協定や、家康は信長の部下なのか否かについて、あるいは信玄、謙信との同盟について論じています。

宮川展夫氏は家康と北条氏との関係や「関東惣無事」について書かれています。

第三部豊臣大名徳川家康は四本の論考、播磨良紀氏は家康が豊臣政権を忠実に支える役割を果たしたこと、いわゆる「たぬき親父」と言われるような、本心を隠して無理に臣従していたイメージを否定しています。

谷口央氏は徳川の検地は、「分付記載」があるからと言って「太閤検地」から遅れたもの、異なるものではないことを論じています。

中野達哉氏は「関東転封」の実態や「八朔の祝い」として記念日となっていく、家康江戸入りの日は、八月一日より早かったことを説明しています。

佐藤貴浩氏は語られることの少なかった家康の「奥羽仕置」との深い関わり、奥州岩出沢まで下向し、一揆、反乱の鎮圧に関わったこと、大崎・葛西の一揆では自らの判断で即座の出兵の準備をしていたこと、蒲生氏郷による「伊達政宗別心」疑惑の問題については秀吉の意向に基づきながらも、現地で豊臣秀次とともに大きな権限を与えられ九戸一揆討伐と蒲生・伊達の知行割の対応を決めていることを説明しています。

第四部天下人徳川家康は四本の論考、鍋

元由徳氏はイギリス商人が家康を皇帝エンペラーと呼び、家康逝去までは秀忠は国王キング（大名松浦氏については隠居をオールドキング、当主をヤングキングと記す）と呼ばれ、豊臣秀頼はプリンス、天皇はダイリと呼ばれていること。家康を日本の権力者と見なしていたことを示しています。

大嶌聖子氏は元和元年十一月に家康が実質的な「隠居」を計画しはじめ、その際には三代将軍としての家光の元服を後見してその立場を定めようとしていた。この「隠居」に伴う権力委譲については多層的、段階的に考えるべきこと、いわゆる二元体制は特殊事情なものでなく、毛利、織田、北条等の例と類似することを論じています。

生駒哲郎氏は家康とその周囲の神道観、家康の東照大権現としての神格化は（生前から日本総鎮守としての意志を示していた秀吉とは大きく異なり）その死後に行われたことを説明しています。

以上、十三人の研究者による十四本の論考を紹介しました。

「はじめに」で編者は「これまでの類書とは違う独自色を出せた」と自負され、「あとがき」で監修である日本史史料研究会の代表で、本書最後の論考執筆者でもある生駒氏が予想外と唸った「責任編集者の個性がこれほど反映される」内容とはいかなるものか、是非多くの人に手に取って読んでもらいたいものと思っています。

あとがき

二〇一〇年の五月ごろだったと思う。ジュンク堂書店大阪本店の岡村正純さんから電話をいただいた。ジュンク堂書店と日本史史料研究会との関係はその時から始まった。岡村さんが言うには、岩田書院の岩田博さんから本会の存在を聞いた、ということであった。

本会は、主に研究叢書と研究選書というシリーズの書籍を刊行している。しかし、それらは、叢書が史料集や索引などの研究するための道具、選書が研究論文集である。学会や研究会などで、本会の研究書を頒布しているが、一般の書店で本会研究書の需要があるとは思っていなかった。しかし、結構需要があるようで、世間とはつくづく解らないものである。

本会は、本書も含めて、岩田書院、洋泉社、吉川弘文館、ミネルヴァ書房などの出版社の協力を得て、一般書を刊行するようになったが、本会が研究の狭い世界だけではなく、世間に目を向けるようになったのは、ジュンク堂書店との関係が一つのきっかけである。

『日本史のまめまめしい知識』第一巻のオビにジュンク堂書店が「推薦してくれるはず」と書いたのも、岡村さんが本会に声をかけてくれたからである。

しかし、岡村さんから、退職するので第二巻はオビに描かれた岡村さんの似顔絵の上にある「ジュンク堂書店大阪本店の岡村さん」のところを「田中さん」に変えてください、という連絡があった。この似顔絵は、岡村さんの後任者田中慎さんにも似ているということである。色々な意味で、ショックであった。田中さんには会ったことがない（＊1）。しかし、名前の変更は、岡村さんの頼みなので聞き入れるしかない。岡村さんには、今まで本当にお世話になりました。本会のような小さな研究会に声をかけていただき感謝申し上げる次第である。

『日本史のまめまめしい知識』は、岩田書院が発売元になっているので、ジュンク堂書店だけではなく他の書店にも置いてあり、大変ありがたいことである。しかし、ジュンク堂書店ではない書店からは、オビの文言が大変不評である。それはそうだと思うのであるが、理由は今記したとおりなのでお許し願いたい。現在、本会は三省堂書店、紀伊國屋書店、大垣書店、大学生協などからも本会の研究叢書・選書の注文をいただくが、そのような訳で、本会にとってジュンク堂書店は特別な存在なのである（＊2）。

本来、本書は「序」でコンセプトを述べているので、「あとがき」は必要ないのであるが、本書第二巻のみ「あとがき」を記した。これから編集する第三巻には、一巻同様「あとがき」は記さない予定である。図書館などで本書のオビがはずされて配架された場合、そうした場所の本を読まれた方々には、まったく意味不明な「あとがき」になってしまった。

21　木下　龍馬（きのした　りょうま）
〔生年〕一九八七年
〔所属〕国立国会図書館参事
〔主要著書・論文〕「再考・関東祈祷所」（『鎌倉遺文研究』三三号、二〇一四年）

22　村上　弘子（むらかみ　ひろこ）
〔生年〕一九五八年生
〔所属〕駒澤大学仏教経済研究所研究員
〔主要著書・論文〕『『高野春秋編年輯録』を読む―元禄高野騒動関連記事1―』（日本史史料研究会、二〇一二年）

23　渡邊　大門（わたなべ　だいもん）
〔生年〕一九六七年
〔所属〕株式会社歴史と文化の研究所代表取締役
〔主要著書・論文〕『中世後期の赤松氏―政治・資料・文化の視点から―』（日本史史料研究会、二〇一一年）

24　白峰　旬（しらみね　じゅん）
〔生年〕一九六〇年
〔所属〕別府大学文学部教授
〔主要著書・論文〕『新解釈　関ヶ原合戦の真実―脚色された天下分け目の戦い』（宮帯出版社、二〇一四年）

25　関口　崇史（せきぐち　たかし）
〔生年〕一九七〇年
〔所属〕大正大学・青山学院女子短期大学講師
〔主要著書・論文〕「摂家将軍家における二所詣」（阿部猛編『中世政治史の研究』、日本史史料研究会、二〇一〇年）

26　宮野　純光（みやの　よしみつ）
〔生年〕一九七四年
〔所属〕金沢工業高等専門学校一般科目教授
〔主要著書・論文〕「東寺寶菩提院三密蔵聖教の構造に関する一考察―観智院聖教との比較から―」（『宇高良哲先生古稀記念論集　歴史と仏教』、文化書院、二〇一二年）

27　生駒　哲郎（いこま　てつろう）
〔生年〕一九六七年
〔所属〕日本史史料研究会代表
〔主要著書・論文〕「中・近世移行期における在地支配

と地方寺院の展開─矢沢綱頼・仙石政勝と長野県上田市所在瀧水寺・清水寺─」（阿部猛編『中世政治史の研究』、日本史史料研究会、二〇一〇年）

28　大嶌　聖子（おおしま　せいこ）
〔生年〕　一九六八年
〔所属〕　東京大学史料編纂所研究支援推進員
〔主要著書・論文〕　「『家忠日記』の存在しない一日」日本史史料研究会会報『ぶい＆ぶい』第二六号、二〇一四年）

29　小野澤　眞（おのざわ　まこと）
〔所属〕　武蔵野大学仏教文化研究所研究員
〔主要著書・論文〕　『中世時衆史の研究』（八木書店、二〇一二年）

日本史史料研究会（にほんししりょうけんきゅうかい）
2007年、歴史史料を調査・研究し、その成果を公開する目的で設立。主な活動としては、①研究会の開催、②専門書の刊行を行っている。会報誌として『ぶい&ぶい(無為 無為)』を刊行している。新書の名称は、この会報誌に由来している。一般書の編集・監修としては『信長研究の最前線』（洋泉社、2014年）『日本史を学ぶための古文書・古記録訓読法』（吉川弘文館、2015年）、『秀吉研究の最前線』（洋泉社、2015年）、『鎌倉将軍・執権・連署列伝』（吉川弘文館、2015年）、『戦国時代の天皇と公家衆たち』（洋泉社、2015年）、『日本史のまめまめしい知識』第1巻（岩田書院、2016年）、『信長軍の合戦史』（吉川弘文館、2016年）、『南朝研究の最前線』（洋泉社、2016年）、『家康研究の最前線』（洋泉社、2016年）がある。会事務所は〒177-0041 東京都練馬区石神井町5-4-16 日本史史料研究会石神井公園研究センター。
ホームページ　http://www13.plala.or.jp/t-ikoma/index.html
メールアドレス　nihonshi-shiryou@nihonshi.sakura.ne.jp

ぶい&ぶい新書　No.0002　(BUI BUI SHINSHO No.0002)

日本史《にほんし》のまめまめしい知識《ちしき》　第2巻

2017年（平成29）5月　第1刷　定価［本体1000円＋税］

編集・発行　日本史史料研究会
〒177-0041 東京都練馬区石神井町5-4-16
日本史史料研究会石神井公園研究センター

販売　有限会社 岩田書院　代表：岩田　博
〒157-0062　東京都世田谷区南烏山4-25-6-103
電話 03-3326-3757　FAX　03-3326-6788
http://www.iwata-shoin.co.jp

組版　文選工房

印刷・製本　モリモト印刷株式会社

ISBN978-4-86602-803-3　C0221　¥1000E